초등학생을 위한 **사회성 향상 프로그램**

{ **친구야, 놀자** }

초등학생을 위한 **사회성 향상 프로그램**

{ # 친구야, 놀자 }

노경란 · 김지연 · 권윤정 · 구민정 · 구연익 공저

학지사

{ 추천사 }

★ 박유미 서울시 복지건강실 보건의료정책과 과장

'2020년 서울시 정신건강' 프로젝트의 하나로 2006년에 처음 시작한 아이존 사업이 올해 7년째로 접어든다. 민관의 전문가들이 힘을 합쳐 시작된 아이존은 빠르게 성장하여 서울시내 11곳에서 운영되고 있으며 계속 늘어날 전망이다. 더욱이 이번에 송파아이존에서 실시해 온 프로그램들을 토대로 하여 이 책을 발간하게 된 것은 또 하나의 큰 성과다. 요즘 우리 사회가 성인뿐만 아니라 아동도 많은 스트레스를 받고 있으며, 왕따, 중독, 자살을 비롯한 여러 가지 마음건강의 문제들로 인해서 어려움을 겪고 있다. 우리나라 아동의 마음이 건강해지고 가족이 행복해지는 데 이 책이 소중한 도구로 활용되기를 기대해 본다.

★ 김태련 아이코리아 회장, 이화여자대학교 명예교수

아이코리아 안에서 처음 출발한 아이존은 이제 서울시내 여러 곳으로 확대되어, 정서 · 행동 문제를 가진 아동, 특히 취약 계층의 아동과 가족을 위한 지역사회 치료 공간으로서 자리매김하고 있다. 그간 치료 현장에서의 경험을 바탕으로 제작된 초등학생용 사회성 · 정서발달 향상 프로그램과 초등학생 부모를 위한 긍정적 부모교육 프로그램은

질 높은 심리 서비스를 지역사회에 제공하는 데 크게 기여할 수 있을 것으로 기대한다. 이러한 성과를 나타낼 수 있도록 애써 온 송파아이존 치료진의 노고와 서울시의 지원에 감사를 드린다.

★ 홍강의 송파아이존 자문의, 서울대학교 명예교수

아이존은 학교에 다니며 치료를 받을 수 있는 한국형 주간치료센터 모델로서 아동중심의 통합적이고 학제적인 접근을 지향하고 있다. 그간 정서·행동상 상당히 복잡한 어려움을 가진 취약 계층의 아동과 가족을 대상으로 치료 서비스를 제공해 온 송파아이존에서 아동과 부모를 위한 프로그램 지침서를 출간한다는 것은 아이존 사업의 질적인 발전을 위해서뿐만 아니라, 지역사회 아동정신보건사업의 예방 측면에서도 매우 의미 있는 일이라고 생각한다. 정신적 가치나 인성 교육이 발붙일 여지가 점점 줄어드는 요즘에 아동과 부모를 위한 치료교육 프로그램을 통해서 지역사회 아동정신보건사업이 더욱 활성화되기를 기대한다.

★ 노경란 아이코리아 송파아이존 센터장, 저자 대표

이 책은 아이존이란 치료 공간에서 함께 일했던 치료사들의 열정과 사랑으로 만들어진 작품이다. 이 책의 특징은 저자들이 치료 현장에서 그간 축적된 노하우와 진행상 도움이 되는 구체적인 내용을 아낌없이 담아냈다는 점이다.

특히 초등학생용 사회성·정서발달 향상 프로그램은 학습 내용을 최소화하고 신이 나고 동적인 활용을 통해 기술을 연습하는 데 주력하였다. 초등학생 부모를 위한 긍정적 부모교육 프로그램도 습득한 양육 지식을 토대로 참여자들의 경험과 피드백 나누기, 역할극과 과제를 통한 적용 과정을 강조하였다. 특히 부모에게 지속적인 변화가 유지되도록 단계별로 구성하였다. 아울러 이 책은 아동과 부모용 프로그램 지침서를 함께 구성함으로써, 아동의 긍정적인 변화와 성장을 위해서는 부모의 변화가 반드시 수반되어야 함을 강조하였다.

이 책이 출간될 수 있도록 지원해 주신 서울시 관계자 여러분, 아이코리아 김태련 회장님, 자문의 홍강의 교수님께 깊은 감사의 마음을 전한다. 더하여 현장에서 아이존 발전을 위하여 애쓰시는 각 아이존 시설장님들, 송파아이존의 직원 김예원, 조은정, 이지민, 이종은, 김태영, 정신보건 수련생, 인턴 및 자원봉사생들의 수고에 감사드린다. 이 책이 아이존뿐만 아니라 정신건강증진센터, 복지관, 초등학교 등 지역사회 여러 기관에서 잘 활용되어 아이들의 마음건강과 가족 행복을 일구는 데 조금이나마 보탬이 되기를 간절히 소원한다.

{ 머리말 }

 연일 계속되는 왕따와 아동의 자살 문제 등이 화두가 되고 있는 요즘, 대부분의 부모와 아동 스스로가 바라고 걱정하는 것 중의 한 가지는 '친구들에게 인기 있는 것'이다. 심리치료 기관을 찾는 경우에도 학교에서 겪는 또래관계의 어려움은 주된 호소 문제로 꼽힌다. 하지만 어떻게 이러한 아동들을 도와줄 수 있는가의 방법에서는 막막함을 느끼게 된다. 또한 사회적 기술의 습득은 일대일의 일반적인 교수나 훈육만으로는 어렵고, 이를 알고 있다 하더라도 실제 사회적 상황에 적용하는 데 융통성이 필요하기 때문이다. 즉, 사회성이라는 영역의 특성상 실제 또래와의 상호작용과 집단 경험 속에서 교정되고 훈습이 이루어질 때 가장 효과적인 것이다.

 이에 이 책에서는 집단으로 진행되는 사회성 향상 프로그램의 소개를 목표로 하였다. 특히 다년간 다양한 어려움을 가진 아동의 실제 치료 경험을 통해, 효과적인 주제를 집약하고 동적인 활동을 활용하여 기술을 연습하도록 하였으며, 치료사들의 실제적인 노하우와 집단 운영 원칙을 담고자 하였다.

차례

추천사 ....

머리말 ....

프로그램의 이론적 배경 ....

프로그램의 구성 및 특징 ....

프로그램의 진행 Tip ....

치료자의 태도

★ 초등학생을 위한 사회성 향상 프로그램 '친구야, 놀자' 매뉴얼

★ 초등학생을 위한 사회성 향상 프로그램 '친구야, 놀자' 워크북

1-1 이미지 게임 리스트   104

2-1 별칭 짓기   106

2-2 자기소개   107

3-1 좋은 친구 vs 나쁜 친구 특성   108

3-2 지금 내 모습 탐색   112

3-3 앞으로 되고 싶은 내 모습   113

3-4 좋은 친구놀이 게임 카드   114

3-5 좋은 친구놀이 게임판   117

4-1 친밀한 사이 vs 덜 친한 사이 비교   118

4-2 물리적 거리 연습 자료   119

5-1 토끼와 거북이   125

5-2 경청 기술 목록   127

6-1 연습게임 지시카드   129

6-2 지시하기/지시 따르기 게임 1   130

6-3 지시하기/지시 따르기 게임 2   132

6-4 지시하기/지시 따르기 게임 평가표   133

7-1 자기주장 캐릭터   134

7-2 나의 자기주장 방법   137

8-1 주장이의 부탁과 거절   138

9-1 상황 파악 그림   139

10-1 부모님 편지   146

{ 프로그램의 이론적 배경 }

    구체적인 회기 소개에 앞서 이 책에서는 사회성 및 사회적 기술 훈련에 대한 간단한 개념 및 원리를 소개하고 이 프로그램의 적용 방향에 대해 논의를 하고자 한다. 사회성을 설명하는 여러 가지 용어들—또래 기술, 친사회성, 이타성, 공감 능력, 공격성 등—이 이론적 배경에 따라 개별적인 개념에는 차이가 있더라도, 다른 사람과 관계를 맺고 공동생활을 통해 사회적 환경에 적응할 수 있는 행동 양식과 습관을 형성하는 것이라는 의미는 그 공통분모로 작용한다. 따라서 사회성 향상을 목적으로 한 프로그램에서도 이를 대략적인 주제로 둘 수 있을 것이다.

    특히 아동기에서의 사회성은 또래관계에서 형성되고 주되게 발휘된다. 이러한 대인 장면에서의 인기나 지명도에 영향을 미치는 요인들은 크게 외모, 운동 기술, 사회적 기술, 정서조절 능력 등의 내부적 요인과 가정환경 및 사회체계와 같은 외부적 요인이 함께 영향을 줄 것이다. 여기서 부모와 치료사가 실제적으로 개입할 수 있는 영역은 사회적 기술과 정서적 측면일 것이며, 이 책에서도 상기한 두 영역의 훈련에 초점을 맞추고자 하였다.

    사회적 기술은 사회적 인식과 함께 사회적 유능성을 구성하는 한 개념으로서 '대인관계에서 유용한 정보를 적절히 선택하고 목표 지향적인 행동을 결정하며 타인과 긍정적인 관계를 유지하도록 최대한 언어와 비언어적 행동을 구사하는 능력'으로 정의된다

(Bedell & Lennox, 1997)[1]. 이를 구성하는 실제적인 능력으로는 협력, 자기주장, 자기통제, 책임성, 공감 등의 여러 가지 영역이 포함된다(Gresham & Elliot, 1990)[2]. 아동기에 거친 신체 놀이와 공격성이 혼재되는 시기를 거쳐 점차 언어적인 소통 기술과 또래집단의 영향이 커지는 점을 고려할 때, 초등학생을 대상으로 하는 프로그램에서는 기본적인 대화와 주장, 협상과 같은 의사소통 기술에 중점을 두는 노력이 필요할 것이다. 따라서 이 프로그램에서는 그간 축적되어 온 여러 연구들 중 의사소통과 초기 관계 형성에 필요한 내용들을 각 회기별로 필요한 활동 요소에 맞추어 배열하였다. 예를 들면, Trower와 Bryant(1978)가 강조한 대화의 기술인 인사하기, 경청하고 반응 보내기, 질문하기, 자기 표현하기, 의견 교환하기, 요청하거나 제안하기와 같은 능력들은 회기 내에서 경청하기, 주장하기, 부탁 및 거절하기 등의 활동을 구성하는 근거로 이용하였다.

앞서 언급한 것이 사회적 기술의 요소라면, 실제로 적용하는 대상인 아동에게 이를 발휘할 수 있는 선행 조건이 필요할 것이다. 즉, 사회적 기술의 발휘는 전반적인 인지발달 수준과 친사회성, 도덕성, 또래관계 발달 특성, 개인의 사회화 환경 등 여러 요인 간 상호작용의 결과라고 할 수 있다. Eisenberg(1991)가 제안한 친사회적 행동 모델에서도, 친사회적 행동은 선행된 상태와 기질적 특성, 사회화 과정, 사회인지 발달 수준의 속에서, 타인의 요구에 주의를 기울이고 상황을 어떻게 해석하며 판단하는지에 따라 발생하게 된다고 설명하였다. 따라서 아동의 인지 수준을 파악하고 상기한 기본 기술의 적용에는 다양성을 두어야 할 것이다. 예를 들면, 5~9세의 아동은 집단 활동에 참가하며 또래에게 신체적 공격을 줄이고 친사회적 행동을 더 많이 나타내며, 거친 신체 놀이를 보인다. 이후 10~14세에는 친밀한 우정을 형성하고 또래집단을 형성하며 동조 압력이 커

---

1) Bedell, J. R. & Lennox, S. S. (1997). *Handbook for communication and problem−solving skills training: A cognitive−behavioral approach.* Oxford, England: John Wiley & Sons.

2) Gresham, F. M. & Elliott, S. N. (1990). *Social skills rating system.* Circle Pines, MN: American Guidance Services.

지기도 한다. 이에 동일한 사회적 기술이라 하더라도 연령 특성에 대한 이해를 높여 적용해야 할 것이며, 초등학교 시기 역시 상기한 발달적 특성이 혼재해 있으므로 저학년과 고학년에서의 강조점이 다를 수 있다. 따라서 이 프로그램에서는 기본 핵심 기술을 토대로 필요한 경우에 세부 활동을 저학년과 고학년 수준으로 나누어 제시하기도 하였다. 즉, 저학년 집단에서는 실제 집단 활동을 통한 훈습을 강조하고, 고학년의 경우에는 이에 더해 또래관계의 의미를 탐색하는 데 주안점을 두는 것이 유용하다.

{ 프로그램의 구성 및 특징 }

　흔히 사회적 기술 증진을 위한 프로그램에는 정적 강화, 모델링, 코칭의 중재 기법이 사용되어 왔다. 먼저 강화란 사회적 상호작용 행동의 빈도를 목표한 수준까지 증가하기 위해 보상을 사용하는 것이다. 칭찬과 관심을 기울여 주는 것과 같은 사회적 보상은 또래 상호작용을 높이고, 공격적 행동을 감소시키며, 친사회적 행동을 증가시킨다 (Schneider, 1993)[3]. 다음으로 모델링은 타인의 긍정적인 행동을 관찰하여 새로운 행동 패턴을 학습하는 것이며, 이를 통해 새로운 행동 기술을 알게 되고 기존 기술을 향상, 조절하게 된다. 끝으로 코칭은 직접적 교수와 연습을 통해 새로운 사회적 · 인지적 기술을 구체적으로 가르치는 방법이다. 이는 다양한 사회적 · 인지적 접근법의 요소를 혼합하여 연결시킨 방법으로 모델링, 역할놀이, 인지적 재구조화, 직접 교수 및 강화 등을 접목시킨 것이다. 코칭 과정은 보통 세 단계로 진행되는데, 비디오나 적절한 또래 상호작용을 통한 교수단계, 역할놀이를 통해 행동을 시연하는 수행단계, 치료자나 다른 또래로부터 피드백을 받는 정리단계가 그것이다. 이 프로그램 역시 코칭의 세 단계를 기반으로 하며, 여기에 집단의 도입단계에서 간단한 게임 및 회기 리뷰 등을 통해 진행 분위기를 조성하고, 아동 회기 종료 후에는 프로그램 내용과 가정에서의 강조점을 전달하는

---

3) Schneider, R. J. (1993). *An individual-differences approach to understanding and predicting social competence.* ProQuest Information & Learning, 54(7-B).

부모교육 시간을 함께 구성하였다(〈표 1〉참조).

한편 각각의 기법이 특정 아동에게 더욱 효과적이기도 한데, 예컨대 강화와 모델링은 고립된 아동에게, 코칭은 거부되는 아동에게 더욱 효과적이다. 각 기법은 따로 분리되기보다 함께 이용되는 경우가 많고, 이를 통해 치료 효과를 더욱 높일 수 있다. 실제로 Bierman(1986)의 초등학교 아동을 대상으로 한 연구에 따르면, 코칭기법은 또래와 협력 활동을 하는 과정이 함께 이루어질 때 더욱 효과를 나타냈다. 따라서 이 프로그램에서는 근래 중요성이 강조되는 집단 협력 활동을 함께 구성하였다.

표 1 사회성 향상 프로그램의 회기 내 진행 과정

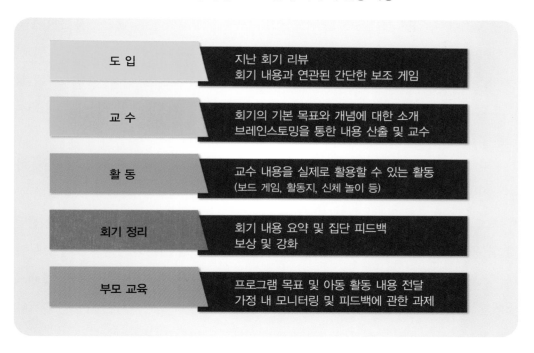

도 입	지난 회기 리뷰 회기 내용과 연관된 간단한 보조 게임
교 수	회기의 기본 목표와 개념에 대한 소개 브레인스토밍을 통한 내용 산출 및 교수
활 동	교수 내용을 실제로 활용할 수 있는 활동 (보드 게임, 활동지, 신체 놀이 등)
회기 정리	회기 내용 요약 및 집단 피드백 보상 및 강화
부모 교육	프로그램 목표 및 아동 활동 내용 전달 가정 내 모니터링 및 피드백에 관한 과제

집단 진행 시 초심자뿐 아니라 임상 경험이 풍부한 치료자 또한 항상 부딪히게 되는 고민은 실제적 사회 기술의 교수 과정에 초점을 두다 보면, 교실 상황과 똑같은 오류나

어려움에 빠지는 경우가 흔하다는 것이다. 즉, 착석이나 대화 및 경청 기술이 부족한 아동에게는 교수 내용이 충분히 전달되지 않은 채 어려운 수업 시간이 되어 버리기 쉽다. 또한 주의집중의 어려움으로 인한 부산스러운 행동 때문에 집단 진행에 방해가 되어 다시 부정적인 피드백을 받게 된다. 따라서 이 프로그램은 교수를 최소화하고 실제적인 협동 과정과 관련된 놀이를 진행함으로써 아동이 필요한 기술을 실용적으로 사용해 보도록 하는 데 중점을 두었다. 또한 여러 시각적인 교구와 신체적인 활동을 도입하여 아동의 흥미와 참여도를 높이도록 노력하였다. 이는 프로그램 진행의 효율성을 증가시킬 뿐 아니라 가정과 학교에서의 일반화 가능성을 높이는 데 도움이 된다.

이와 같은 프로그램 적용 원칙과 아동의 집중 시간 및 효과적인 집단 수행 시간 등을 함께 고려하여, 진행 시간은 60분 정도 소요되도록 구성하였다. 집단 구성원은 아동의 연령이나 문제의 종류에 따라 상이하겠으나, 실제 또래관계에서 일어나는 갈등 및 자극, 집단 내 응집력과 역동이 촉발되고, 집단 협력 활동이 가능한 5~6명 정도가 적절할 것으로 보인다. 또한 주로 정서·행동 문제를 가진 아동을 대상으로 실시할 수 있으나, 아스퍼거 및 경도의 자폐장애, 지적 장애를 가진 아동에게 적용 가능하다.

전체 회기 구성은 11회기를 기본으로 하여 통상 1주에 1회기씩 진행되고, 집단 및 아동 개별 상황의 특성상 일부 회기를 생략하거나 주 2회로 진행할 수 있다. 〈표 2〉와 같이 프로그램 초반에는 전체 프로그램의 목적을 이해하고 규칙을 구조화하며, 집단 친밀감 및 응집력을 높이고자 하였고, 대화에 필요한 기본 선행 기술의 습득에 초점을 두었다. 중반 및 후반 회기에서는 상호 교환 및 의사소통을 위한 대화 기술과 집단 상황에서 일어날 수 있는 어려움을 다루도록 하였다. 종결 및 마무리 회기에서는 그동안 습득한 사회적 기술을 종합하고 상황에 맞게 적용하는 활동을 위주로 구성하였다.

표 2 회기별 주제 및 내용

회 기	제 목	내 용
1	오리엔테이션	프로그램 소개 및 구조화
2	구성원 탐색하기	집단 구성원 탐색 및 친밀감 증진 활동
3	자기 모습 파악하기	좋은 친구의 특성에 대한 이해 및 나의 모습 탐색
4	물리적인 거리 알기	사람들과의 관계, 기분에 따른 적절한 거리 이해
5	경청하기	경청의 필요성과 기술 습득
6	지시하기/지시 따르기	집단 활동을 조율하고 참여하는 기술
7	자기주장하기	내 생각을 전달하는 태도와 방법
8	부탁하기/거절하기	부탁 또는 거절할 때의 예의 바른 자세 알기
9	상황 파악하기	분위기 파악을 위한 상황적 단서 알기
10	협동하기	공동화 작업을 통한 집단 역동의 파악
11	종 결	프로그램 리뷰 및 종결 파티

{ 프로그램의 진행 Tip }

★ 집단 구성원 선정

이 프로그램은 초등학교 아동을 주요 대상으로 하며, 아동의 인지발달 수준과 개인차를 고려하여 연령 차이는 한두 살이 적절할 것이며, 성비가 균형적인 것이 선호된다. 집단 프로그램의 목표에 따라 특정한 장애군만을 구성하거나, 상이하게 구성하여 서로 보완 가능한 사회적 기술을 모델링하도록 할 수 있다. 다만 품행장애나 반항성 장애와 같은 어려움을 가지는 아동의 경우에는 동일한 진단군으로만 구성하였을 경우 서로의 행동 문제를 모델링하거나 또래 압력 및 동조가 부정적으로 이루어질 수 있으므로 권고되지 않는다.

★ 회기 진행의 유연성 발휘

이 프로그램의 순서와 구성은 적절한 의사소통과 대화 기술을 위한 점진적인 절차를 고려하여 구성되었으나, 내담 아동의 문제 유형에 따라 특정 회기의 순서를 변경하고 강조하여 진행할 수 있다. 예를 들어, ADHD 진단과 같이 충동성, 부주의한 문제를 주호소로 하는 아동이 동질적으로 구성된 경우를 생각해 보면 다음과 같다. ADHD 아동의 행동 억제 능력의 결함과 연관된 인지적 특성으로 인해, 회기 진행 중에 착석과 규칙 준수 등의 어려움이 두드러지고, 기본적인 듣기 기술의 습득이 선행되지 않은 경우가 많다. 따라서 프로그램 진행 초반에 5회기 경청하기를 먼저 배치한다면, 회기 내용에 대한 집중도와 이해도를 높일 수 있고, 이후 회기의 전달에도 도움이 될 것이다. 이와 유사하게, 우울이나 불안과 같은 내재화 문제를 나타내며 위축된 아동들이 주된 구성원이라면 7회기의 자기주장하기를 앞서 진행한 후 이후 회기들을 조율할 수 있다.

또한 전반적인 회기 내에서는 아동의 연령과 심리적 어려움에 따라 특정 기술에 중점을 두거나 일부 활동을 생략 또는 추가할 수 있다. 즉, 앞서 언급한 것처럼 저학년과 고학년의 인지 및 또래관계 특성에 따라 난이도와 활동 시간을 조정하고, 아동의 문제에 따라 강조되어야 할 기술이 달라질 것이다. 또한 생략하거나 추가하는 활동을 이 책에서 제시하는 Tip과 Point를 참조하여 진행하면 도움이 될 것이다.

{ 치료자의 태도 }

프로그램에 참여하는 아동은 대체로 사회적인 기술이 빈약하며 부적절한 대처 행동을 사용하는 경우가 많은데, 이는 회기 진행에 방해가 되며 또래 간 갈등을 유발하여 집단 역동에 방해가 된다. 이에 치료자가 사전에 기본적인 원칙과 자세를 정리하여 준비하는 것이 필요하며, 다음과 같은 사항들을 예로 들 수 있다.

첫째, 집단 내에서 적절한 제한과 일관된 기준 적용이 필요하다. 치료자의 진행을 방해하는 문제 행동은 아동의 주 호소나 심리적 기제에 따라 차이가 있겠지만, 대체로 세 가지 범주 유형으로 나뉜다. 먼저 관심 끌기의 유형은 엉뚱한 이야기를 하거나 장난을 치는 행동들로 치료사 또는 또래 구성원의 이목과 관심을 얻으려는 경우다. 다음으로 소극적인 유형은 집단 활동에 참여하지 않으려 하거나 느린 행동을 보이는데, 이는 위축되거나 자신감 없는 아동이 많이 보이는 행동이다. 끝으로 공격적인 유형은 또래와의 상황을 잘못 해석하여 적대적으로 반응하고 집단의 규칙을 무시하는 행동을 보인다. 각각의 원인이나 기능에는 차이가 있겠으나, 우선 집단 내 규칙과 같은 기본적인 제한을 일관되게 적용하여야 한다. 특히 공격성이 표현되는 경우에는 집단의 균형과 진행 자체에 어려움을 줄 수 있으므로, 규칙을 다시 한 번 상기해 주고 제한을 설정하는 시도가 필요하다. 이러한 시도에 지속적으로 따르지 않을 시에는 집단 상황에서 잠시 제외시키는 등 안정된 집단 환경을 조성해야 할 것이다. 또한 전반적으로 부적절한 행동은 무시하고 아동이 긍정적인 행동을 하였을 때 격려를 제공하는 것이 필요하다.

둘째, 집단 내 갈등이 촉발될 때, 치료자가 당황하여 상황을 종료시키는 데 급급하거나 무시하지 않는 것이 좋다. 회기 내에서 발생한 갈등은 또래관계에서도 유사하게 반복될 가능성이 높기 때문에, 프로그램 내에서 이러한 갈등을 해결하는 것이 중요하다. 또한 갈등 상황에 대한 문제해결은 아동에게 모델링의 역할을 할 수 있으므로 즉각적으로 다뤄져야 한다. 이는 회기에서 전달해야 할 내용보다 더 중요할 수 있다.

셋째, 치료자가 회기 중에 많은 친사회적인 기술을 보여 주고 진행 시간 중이 아니더라도 아동이 이를 사용하도록 유도하여 강화하는 노력을 기울여야 할 것이다. 이를 위해 각 회기들의 기본 주제와 기술을 미리 숙지하여 프로그램에 포함된 사회적 기술을 의도적이고 자연스럽게 사용함으로써 아동에게 관찰 학습이 되도록 한다.

넷째, 보상 행동에 관한 명확한 자세와 태도를 견지하여야 한다. 프로그램 특성상 스티커, 칭찬 등의 여러 물리적이고 언어적인 강화를 이용해야 하는데, 진행에 앞서 치료자가 이에 대한 구체적이고 명확한 제시 기준을 가지고 있어야 한다. 보상에 관한 판단과 적용은 치료자가 권한을 가지며, 때에 따라 유연할 수도 있다는 권위를 설정하는 것이 유익하다. 그러므로 아동과 보상과 관련된 실랑이를 하거나 말씨름은 하지 말아야 한다. 또한 스티커와 같은 물리적 보상뿐 아니라 칭찬, 또래 간 피드백 등을 자주 이용하여 아동 스스로의 내적 동기를 강화하는 시도가 도움이 된다.

★ ★ ★

매뉴얼

초등학생을 위한 사회성 향상 프로그램
'친구야, 놀자'

오 리 엔 테 이 션

만나서 반가워

활동 목표

1. 사회성 향상 프로그램의 목적을 이해한다.
2. 사회성 향상 프로그램에 대한 개인적인 목표를 정한다.
3. 간단한 자기소개 및 게임을 통해 함께 참여하는 집단 구성원을 탐색한다.
4. 집단에 필요한 규칙을 함께 정한다.

 ## 프로그램 개요 및 준비물

구 분	내 용	준비물
도 입	• 프로그램과 집단 구성원 소개 • 오리엔테이션	–
활 동	• 집단에 필요한 규칙 정하기 • 이미지 게임	이미지 게임 리스트 (《활동 1-1》) 손가락 막대
마무리	• 보상, MVP, 강화물 제공	–

이번 회기는!

프로그램의 첫 회기로 프로그램의 목표, 내용, 진행 방식 등을 구조화한다. 아동이 프로그램에 대한 개인 목표를 정하여 참여에 대한 동기를 높일 수 있도록 돕는다. 또한 프로그램에 함께 참여할 집단 구성원이 각자를 소개하고, 게임을 진행하면서 서로에 대해 탐색하는 시간을 갖는다. 또 집단 규칙에 대해 함께 이야기하고 정함으로써 능동적으로 프로그램에 참여할 수 있도록 격려한다.

 활동 내용

도입

1) 프로그램과 집단 구성원 소개

★ 치료자와 보조치료자가 먼저 집단 구성원에게 이름 등을 소개한 뒤, 함께 참여하게 된 소감을 이야기한다. 다음으로 아동이 돌아가면서 자발적으로 이름, 학교, 학년, 참여 소감이나 집단에 대한 기대 등에 대해 간단히 이야기하도록 한다.

★ 이 프로그램에 대해 '친구들과 친밀한 관계를 만드는 데 필요한 방법을 배우고 연습하는 것'이라고 소개한 뒤, 아동에게 프로그램에 어떤 내용이 있을까에 대해 묻고 이야기를 나눈다.

★ 프로그램의 의도를 명확하게 전달하고, 참여 동기를 증진하기 위해서 아동에게 "내가 사회성 프로그램에 참여하게 된 이유가 무엇일까?"라는 질문을 한 뒤 자기 생각을 자유롭게 이야기하도록 한다. 이야기를 나누는 과정에서 각자 자신만의 참여 이유나 목표를 정할 수 있도록 격려한다.

2) 오리엔테이션

★ 프로그램의 전체 회기와 일정, 진행 시간 등 전체 구조에 대해서 설명한다.

★ 보상체계에 대한 설명

이 프로그램에서는 아동의 적절한 참여와 규칙 유지를 위해 보상체계를 사용한다. 보상체계는 프로그램을 진행하는 현장, 참여 아동, 치료자의 각 특성에 따라 달라질 수 있다.

예를 들어, 프로그램 규칙의 준수, 자발적인 참여 및 친사회적 행동, 회기 동안 가장 열심히 참여한 아동에 대한 보상(MVP) 등을 치료자가 융통성 있게 정할 수 있고, 이에 대해 아동에게 명확하게 설명하여 혼돈이 없도록 한다. 치료자가 보상 행동에 관한 명확한 자세와 태도를 견지하며, 보상의 판단과 적용은 치료자에게 권한이 있음을 알려 이에 따른 불필요한 실랑이가 발생하지 않도록 한다.

활 동

1) 집단에 필요한 규칙 정하기

★ 이 집단의 주체자는 아동임을 강조하고, 집단에서 다양한 활동이 원활하게 진행되기 위해서는 아동의 적극적인 참여가 중요함을 이야기한다. 모든 집단에는 나름대로 규칙이 있기 마련인데, 이 프로그램에서는 규칙을 실천하는 주체자인 아동이 직접 이를 정한다는 것을 강조하여 전달한다.

★ 아동이 생각하는 규칙을 자율적으로 이야기하게 하고 칠판에 적는다. 아동이 말하는 규칙을 되도록 모두 수용하여 군집화한 뒤 적절한 규칙을 정한다. 그리고

다음 시간에 규칙판으로 만들어서 칠판에 붙여 놓을 수 있도록 한다. 고학년의 경우, 규칙판과 펜을 제공하여 직접 규칙판을 만들고 꾸미게 할 수 있다.

2) 이미지 게임

★ 아동에게 손가락 막대 도구를 하나씩 나누어 준 뒤(없는 경우 손으로 가리키기), 치료자가 이미지 게임 리스트(〈활동 1-1〉)를 한 문항씩 읽으며, 그에 해당할 것 같은 친구를 손가락 도구로 지목하도록 한다. 가장 많이 지목당한 아동에게 실제로 유사한지를 확인하고, 그 친구를 지목한 아동에게는 왜 뽑았는지 물어보며 친구에게 관심을 갖도록 한다.

★ 이 게임은 서로의 첫인상에서 나타나는 이미지를 알아보기 위한 게임이므로 정답을 맞히는 것이 중요한 것이 아니다. 따라서 상대방을 지목한 이유나 자신이 지목을 당했을 때 어떤 기분이었는지 등에 대해 충분히 이야기를 나눈다.

마무리

★ 모든 아동이 돌아가면서 오늘 회기에 참여한 소감과 자신이 생각하기에 오늘 가장 잘 참여한 친구를 한 명 선정하고, 선정한 이유에 대해서도 이야기하도록 한다.

★ 치료자도 오늘의 전체 소감에 대해서 이야기하고, 회기에서 잘 참여했다고 가장 많이 지목된 아동과 치료자가 생각하기에 잘 참여한 아동(즉각적인 초기 보상이 필요한 아동, 동기화가 필요한 아동, 이전에 긍정적인 강화를 많이 못 받은 아동 등 여러 가지 사항을 고려하여 선정)을 신중하게 고려하여 오늘의 MVP를 선정한다.

구 성 원 탐 색 하 기

서로 가까워지기

 활동 목표

1. 집단 구성원의 친밀감을 증진한다.
2. 다른 사람의 이야기에 관심을 기울이고 경청한다.

 프로그램 개요 및 준비물

구 분	내 용	준비물
도 입	• 인사, 지난 시간의 활동 검토	–
활 동	• 장점을 나타내는 별칭 짓기 • 자기소개와 퀴즈	별칭 짓기 (《활동 2-1》) 자기소개 (《활동 2-2》)
마무리	• 보상, MVP, 강화물 제공	–

 이번 회기는!

집단 구성원 사이에 친밀감을 형성하기 위한 시간으로 자신에 대해서도 간단하게 탐색해 보고, 이를 공개하여 공유함으로써 서로에 대해 알아가는 활동을 진행한다. 진행 과정에서 다른 집단 구성원의 이야기에 관심을 기울이고 경청하는 행동이 요구되므로 이에 대해서도 강화할 수 있도록 한다.

 활동 내용

도 입

★ 지난 회기에서 다루었던 사회성 향상 프로그램의 정의와 목적에 대해 아동이 이해하고 기억하는 내용을 발표하는 시간을 갖는다. 이때 치료자는 아동의 발표 내용 중 이 프로그램의 의도에 맞는 부분을 짚어 내어 자연스럽게 수정하고 연결하여 반영한다.

활 동

1) 장점을 나타내는 별칭 짓기

★ 아동에게 별칭 짓기(〈활동 2-1〉)를 나누어 준다. 자신의 장점을 생각해 보고 이와 잘 어울리는 별칭을 정하여 활동지에 적은 뒤 자신이 원하는 만큼 꾸미도록 한다. 이때 저학년의 경우, 장점과 별칭을 연결한 몇 가지 예시를 제공해 주는 것이 좋다(예: 웃는 모습이 예쁜 친구는 '스마일', 달리기를 잘하는 친구는 '제트기' 등). 활동지를 작성하고 난 후, 별칭과 함께 자신을 간단하게 소개하도록 한다.

★ 한 명이 발표하면, 나머지 아동은 발표한 아동이 이야기한 별칭을 부르면서 "○○야~ 만나서 반가워."라고 인사한다.

★ 고학년의 경우, 별칭 짓기 후에 이름 이어가기 게임을 할 수 있다. 별칭을 지은 이유와 함께 별칭을 사용하여 이어 외우기 형식으로 진행한다('시장에 가면' 게임과

유사하게 앞 내용을 기억해서 연결하는 활동).

예) "웃는 모습이 예쁜 스마일"

"웃는 모습이 예쁜 스마일, 옆에 달리기를 잘하는 제트기"

"웃는 모습이 예쁜 스마일, 옆에 달리기를 잘하는 제트기, 옆에 정리정돈을 잘하는 깔끔이"

2) 자기소개와 퀴즈

★ 자기소개(〈활동 2-2〉) 활동지를 아동에게 나누어 준다. 자기소개 활동지에는 '좋아하는 놀이, 잘하는 것, 취미와 특기, 장래희망' 등에 관한 질문이 적혀 있다. 자신에 대해서 잠시 생각해 보고 활동지를 완성하도록 한다. 완성 후 돌아가면서 활동지의 내용을 발표한다. 이때 발표 후에는 이에 대한 퀴즈 게임을 할 것이라고 미리 이야기해 주어 다른 아동이 발표하는 내용에 대해 관심을 갖고 주의 깊게 들을 수 있도록 한다.

★ 자기소개 활동지를 모두 걷은 후에, 활동지의 내용을 하나씩 이야기하며 누구 인지 맞히는 퀴즈를 낸다. 퀴즈를 맞히는 것은 주의 깊게 잘 들었다는 의미이므로 이에 대해 강화한다. 가장 빨리 답하지는 못했지만, 그 친구의 또 다른 특징에 대해서 기억하고 있는 아동도 격려한다.

마무리

★ 모든 아동이 돌아가면서 오늘 회기에 참여한 소감과 자신이 생각하기에 오늘 가장 잘 참여한 친구를 한 명 선정하고, 선정한 이유에 대해서도 이야기하도록 한다.

★ 치료자도 오늘의 전체 소감에 대해서 이야기하고, 회기에서 잘 참여했다고 가장 많이 지목된 아동과 치료자가 생각하기에 잘 참여한 아동(즉각적인 초기 보상이 필요한 아동, 동기화가 필요한 아동, 이전에 긍정적인 강화를 많이 못 받은 아동 등 여러 가지 사항을 고려하여 선정)을 신중하게 고려하여 오늘의 MVP를 선정한다.

★ 단, 지난 회기에 비해 조금이라도 변화된 모습을 보이는 아동이 있다면 이를 격려하고 보상할 수 있도록 한다.

자 기 모 습 파 악 하 기

좋은 친구 vs 나쁜 친구

 활동 목표

1. 친구관계에서 '좋은 친구'의 모습과 '나쁜 친구'의 모습에 대해 탐색한다.
2. 자신이 현재 어떤 친구의 모습인지 파악한다.
3. 앞으로 어떤 친구의 모습이 되고 싶고, 어떤 노력을 해야 하는지 안다.
4. '좋은 친구 되기' 게임을 통해 좋은 친구의 특징에 대해 익히고 연습한다.

프로그램 개요 및 준비물

구 분	내 용	준비물
도 입	• 인사, 지난 시간의 활동 검토	–
활 동	• 좋은 친구와 나쁜 친구의 특징 알기 • 현재 내 모습 탐색하기 • 좋은 친구놀이 게임	좋은 친구 vs 나쁜 친구 특성 (《활동 3-1》) 지금 내 모습 탐색 (《활동 3-2》) 앞으로 되고 싶은 내 모습 (《활동 3-3》) 좋은 친구놀이 게임 카드 (《활동 3-4》) 좋은 친구놀이 게임판 (《활동 3-5》)
마무리	• 보상, MVP, 강화물 제공	–

이번 회기는!

친구관계에서 좋은 친구의 모습과 나쁜 친구의 모습을 비교하고, 자신이

좋은 친구의 모습을 갖추기 위해 노력해야겠다는 동기를 이끌어 내는 것이

중요하다. 이를 위해 현재 자신의 모습을 탐색하고, 앞으로의 모습을 그려 본 후 변화를 위해 어떠한 노력을 할 수 있는지 스스로 생각해 볼 수 있도록 격려한다.

 활동 내용

도 입

★ 지난 회기에서 다루었던 친구들의 별칭 짓기와 자기소개 중 기억나는 것이 있는지에 대해 이야기하고 발표한 친구들을 격려한다.

활 동

1) 좋은 친구와 나쁜 친구의 특징 알기

★ 이번 회기에서는 좋은 친구와 나쁜 친구에 대해서 이야기할 것이라고 전달한 후, 지금까지 내가 만났던 친구들 중에 같이 놀고 싶고, 이야기 나누고 싶고, 함께 있으면 기분이 좋아졌던 친구의 특징에 대해 이야기 나눈다. 반면 같이 놀고 싶지 않고 함께 있으면 기분이 안 좋아지는 친구의 특징에 대해서도 이야기를 나눈다.

★ 이렇듯 친구들 중에는 좋은 친구와 나쁜 친구가 있다는 것을 설명하고, 그 특

징을 구분하는 활동을 할 것이라고 소개한다. 미리 카드 형태로 만들어 놓은 좋은 친구와 나쁜 친구 특성(〈활동 3-1〉)을 아동이 돌아가면서 뽑고, 좋은 친구와 나쁜 친구 중 어느 분류에 속하는지 직접 칠판에 붙이도록 한다. 이때 왜 이렇게 나누었는지, 실제로 이런 친구가 있는지에 대해서도 이야기를 나눈다.

2) 현재 내 모습 탐색하기

★ 친구들과 함께 분류해 본 좋은 친구와 나쁜 친구 특성 중에서 자신은 어디에 해당되는지 명료화하고, 구체적인 목표를 설정할 수 있도록 한다.

★ 이를 위해 좋은 친구와 나쁜 친구 특성이 모두 들어있는 지금 내 모습 탐색(〈활동 3-2〉)을 나누어 주고 '지금 내 모습'에 해당하는 항목에 동그라미로 표시한 다음 이에 대해 이야기를 나눈다.

★ 그 다음 앞으로 되고 싶은 내 모습(〈활동 3-3〉)을 나누어 준다. 자신이 되고 싶은 '좋은 친구의 모습'을 고르고 '갖고 싶은가?' 칸에 동그라미를 친 후, 우선순위를 정하고, 그렇게 되기 위해서는 어떤 노력이 필요한지 적고 발표하도록 한다.

★ 이 프로그램의 마지막 11회기에 오늘 작성한 '앞으로 되고 싶은 내 모습'이 되기 위해 얼마나 노력을 했고, 변화되었는지를 스스로 평가할 것이라고 미리 알려 준다. 프로그램의 중간 진행 과정에서 이를 계속해서 상기할 수 있도록 한다.

POINT

자신이 또래에게 어떻게 보일 수 있는지 객관적으로 살펴보고 막연하게 "좋은 친구가 되고 싶다."보다는 구체적인 목표를 정할 수 있도록 한다.

3) 좋은 친구놀이 게임

★ 지금까지 배웠던 내용을 충분히 익히기 위해서 좋은 친구놀이 게임을 진행한다(〈활동 3-4〉, 〈활동 3-5〉). 좋은 친구놀이 게임은 각각의 말을 가지고 주사위를 돌려서 나온 숫자만큼의 칸을 이동하는 게임이다. 게임판은 세 가지 색깔의 칸으로 이루어져 있는데, 주사위를 굴려 도착한 칸의 색깔 카드를 뽑아서 카드 미션을 수행한다. 세 가지 카드 종류는 '언어' '행동' '감정' 이다. 만약 미션에 실패하면 원하는 다른 아동에게 기회를 줄 수 있다. 그리고 가장 먼저 도착한 아동이 승리한다.

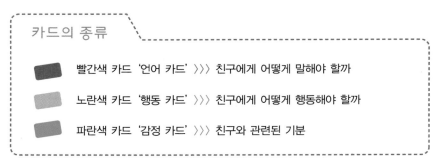

카드의 종류

빨간색 카드 '언어 카드' 〉〉〉 친구에게 어떻게 말해야 할까

노란색 카드 '행동 카드' 〉〉〉 친구에게 어떻게 행동해야 할까

파란색 카드 '감정 카드' 〉〉〉 친구와 관련된 기분

마무리

★ 모든 아동이 돌아가면서 오늘 회기에 참여한 소감과 자신이 생각하기에 오늘 가장 잘 참여한 친구를 한 명 선정하고, 선정한 이유에 대해서도 이야기하도록 한다.

★ 치료자도 오늘의 전체 소감에 대해서 이야기하고, 회기에서 잘 참여했다고 가장 많이 지목된 아동과 치료자가 생각하기에 잘 참여한 아동(즉각적인 초기 보상이 필요한 아동, 동기화가 필요한 아동, 이전에 긍정적인 강화를 많이 못 받은 아동 등 여러 가지 사항을 고려하여 선정)을 신중하게 고려하여 오늘의 MVP를 선정한다.

★ 단, 지난 회기에 비해 조금이라도 변화된 모습을 보이는 아동이 있다면 이를 격려하고 보상할 수 있도록 한다.

★ 오늘 배운 내용을 한 주 동안 잘 기억하고 노력하도록 격려한다.

물 리 적 인   거 리   알 기

친구에게 다가가기

4
회기

 활동 목표

1. 사람들 사이에 지켜야 할 물리적 거리가 있음을 안다.
2. 상대방의 기분과 상황에 따라 물리적 거리가 다를 수 있음을 이해한다.
3. 상대방과 상황에 따라 지켜야 할 거리를 연습한다.

 프로그램 개요 및 준비물

구 분	내 용	준비물
도 입	• 인사, 지난 시간의 활동 검토	–
활 동	• 사람들 사이의 물리적 거리에 대한 설명 • 거리 지키기 게임 • 기분에 따른 거리 조절	친밀한 사이 vs 덜 친한 사이 비교 (《활동 4-1》) 물리적 거리 연습 자료 (《활동 4-2》)
마무리	• 보상, MVP, 강화물 제공	–

 이번 회기는!

> 다양한 사회적 관계에 존재하는 물리적 거리에 대해서 이야기해 본다. 이는 실제로 눈에 보이는 것이 아니어서 아동이 어려워할 수 있으므로, 다양한 예와 그림 자료를 이용하여 설명한다. 또한 사람들 사이의 거리는 반드시 꼭 지켜야 하는 것이 아니므로 융통성 있게 적용해야 할 필요가 있다.

 활동 내용

도 입

★ 인사하며 아동을 반갑게 맞이한 후 지난 회기에서 다루었던 좋은 친구와 나쁜 친구의 특성 중 기억나는 것이 있는지에 대해 이야기하고 발표한 친구들을 격려한다.

활 동

1) 사람들 사이의 물리적 거리에 대한 설명

★ 두 장의 그림(〈활동 4-1〉)을 보여 준다. 한 장은 친구끼리 어깨동무를 하며 꼭 붙어 있는 뒷모습, 다른 한 장은 친구와 거리를 둔 채 앉아 있는 뒷모습이다. 그림 속 사람들의 사이에 대해서 유추하게 하고 그 이유에 대해서 이야기하도록 한다. 그런 다음, 사람 사이에는 지켜야 하는 거리가 있음을 설명하며 오늘의 활동을 안내한다.

예) "여기 두 장의 그림이 있어. 이 그림 속의 사람들은 어떤 사이일까? (의견을 듣는다.) 첫 번째 그림의 친구들이 두 번째 그림의 친구들보다 친해 보이는 건 이 친구들 사이의 거리가 가깝기 때문이야. 만약 처음 보는 사람이 첫 번째 그림에서처럼 나에게 가까이 다가와서 팔짱을 끼거나 어깨동무를 한다면 어떤 기분이 들까? 이처럼 사람 사이에는 지켜야 하는 거리가 있어. 오늘은 이 거리에 대해서 이야기해 볼 거야."

〈친밀한 사이〉　　　　　　　　　　　〈덜 친한 사이〉

서로 가까이 붙어서 걸어가고 있다.　　　같이 앉아 있지만 거리를 둔 채 떨어져 앉아 있다.

★ 일반적인 대인관계에서의 거리에 대해서 설명한다. 다음에 제시한 표를 자료로 만들어 보여 주거나 혹은 말로 설명한다. 각자의 주변 인물(가족, 친구, 선생님, 이웃 등)을 떠올리며 그 사람들과 어떤 거리가 적당한지에 대해서 미리 이야기를 나누어 본다.

예) "조금 전에 사람 사이에 지켜야 하는 거리가 있다는 이야기를 했지. 그렇다면 관계에 따라 지켜야 하는 거리가 어느 정도인지 나누어서 알려 줄게. 이 거리는 자를 가지고 다니면서 정확하게 지켜야 할까? 그건 아니지만 대략의 거리를 알아 두면 실수할 일은 없을 거야."

일반적인 대인관계에서의 거리		
친밀한 거리	타인과 가장 근접할 수 있는 거리로 15~30cm	가족, 엄마, 아빠, 동생, 할머니, 친한 친구 등
사적인 거리	친한 친구들과의 관계에서 이루어짐, 사적인 거리에 있는 친구들은 함께 있으면 마음이 편안하고 보다 친해지고 싶은 사이로 30~90cm	좋아하는 친구
공적인 거리	익숙하지 않은 상황에서 만나는 사람들과의 관계에서 가지는 거리, 일반적으로 120cm	처음 만난 선생님, 친구 어머니, 동네 어른

"우선 친밀한 거리는 다른 사람에게 가장 가까이 다가갈 수 있는 거리를 이야기해. 이 거리는 보통 15~30cm를 이야기하지. 친밀한 거리로 다가갈 수 있는 사람은 엄마, 아빠, 동생과 같은 가족이 있고, 때로는 나하고 아주 친해서 마치 가족과 같다고 생각하는 친구들도 있어."

"사적인 거리는 친밀한 거리보다는 멀어. 보통 30~90cm이고, 그 거리는 실제로 이 정도(거리를 보여 주면서)야. 이 거리에는 내가 친해지고 싶은 친구들에게 적절한 거리야. 일반적으로 같이 교실에서 지내는 친구들도 이 정도의 거리를 두고 있지."

"다음으로는 공적인 거리가 있어. 개인적으로 친하거나 오래 알던 사람이 아니라 슈퍼나 동네에서 만나는 익숙하지 않은 사람들, 친구의 어머니와 같은 사람들이 이 정도 거리에서 이야기를 하곤 해. 보통 120cm 정도 떨어져 있으면 상대방이 불편함을 느끼지 않을 수 있을 거야."

POINT

Cm로 표시된 거리는 실제보다 가깝게 느낄 수도, 멀게 느낄 수도 있다. 대인관계 거리를 가늠하는 것이 어려운 친구들을 위해 정확한 수치를 제공하는 것이므로 융통성 있게 활용할 수 있음을 염두에 두고 설명할 필요가 있다.

2) 거리 지키기 게임

★ 준비 활동으로 아동에게 앉은 자리에서 사람들 사이의 거리에 해당되는 15cm, 30cm, 1m 정도의 거리가 얼마 만큼인지 손으로 표시해 보도록 한다. 자로 아동이 표시한 거리를 잰 후에 거리 감각을 바로잡아 준다.

예) "○○는 1m가 이만큼이라고 생각했지만, 사실 네 생각보다 1m는 먼 거리야. 그러니까 가깝지 않다고 생각하는 사람과 만날 때는 이것보다 좀 더 간격을 두는 것이 필요해."

★ 물리적 거리 연습 자료(〈활동 4-2〉)를 보여 주고, 어느 정도의 거리에 해당되는 사람인지 맞힌다. 한 명씩 직접 나와서 제시되는 그림 앞에 적당한 거리에 서서 "여기!" 하고 외친다. 다른 친구들은 이 친구가 계산한 거리가 맞는지, 아닌지를 ○/×로 표시해 본다. 진행자나 친구들이 이 거리를 자로 재서 ○/× 여부를 확인한다. 만약 틀렸을 경우 다른 친구들이 거리를 조절해 줄 수도 있다.

 **POINT**

> 게임의 핵심은 모든 친구들이 사람 사이에 대강의 거리를 가늠해 보는 데 있으므로, 지나치게 맞고 틀리는 데 집착하지 않도록 한다. 잘 맞히는 친구는 자신이 아는 것을 다른 친구들에게 알려줄 수 있도록 격려한다.

3) 기분에 따른 거리 조절

★ 아무리 친한 사이어도 기분이나 상황에 따라서 거리는 달라질 수 있다. 나와 가장 친한 친구일지라도 그 친구가 좋지 않은 일이 있어서 크게 화가 나 있을 때는 잠시 떨어져 있는 것이 필요하다는 것을 설명한다.

★ 다음 제시한 예시를 활용하여 설명한다. 관련된 손인형을 사용하면 집중하는 데 도움이 된다.

뽀로로 이야기

"얘들아, (뽀로로와 친구들)에서 장난을 아주 많이 치는 친구가 있어. 그 친구는 누구지? 그래 크롱이가 장난을 많이 쳐. 자, 이야기를 들어보자. 뽀로로랑 크롱이 아이스크림을 먹으려 갔어요. 뽀로로가 맛있는 아이스크림을 주문한 후에 뒤를 도는데, 크롱이가 뽀로로에게 장난을 쳐서 뽀로로의 아이스크림이 떨어졌어요! 그러자 뽀로로는 화가 났어요."

● 같이 먹으러 가는 중에는 어느 정도 거리가 적당할까?

  (둘은 친한 사이이기 때문에 가까이 있어도 좋다.)

● 뽀로로가 화가 났을 때 어느 정도 거리를 유지해야 할까?

  (뽀로로가 화가 났기 때문에 사적인 거리나 공적인 거리 정도가 적당하다.)

● 화가 풀린 것 같아서 사과를 하려고 한다. 어느 정도가 적당할까?

  (사과를 할 때는 사적인 거리가 적당하다.)

"보통 루피는 편안한 표정을 짓고 있어. 하지만 오늘은 루피의 기분이 좋지 않아 보여."

● 이럴 때 적당한 거리는?

● 루피가 평소처럼 기분이 좋아 보인다. 이럴 때 적당한 거리는?

내 친구 민재 이야기

"내 친구 민재는 나랑 정말 친해. 우리 정말 친해서 나는 민재의 표정만 봐도 어떤 기분인지 알 수 있어. 평소에 민재는 살짝 미소 짓는 얼굴을 하고 있는 편이야."

● 평소 우리는 어느 정도의 거리로 같이 다닐까?

"그런데 오늘 학교가 끝나고 만난 민재의 표정이 좋지가 않아. 심지어 내가 인사를 했는데도 모른 척하고 막 씩씩대면서 가더라고."

● 이럴 때 나는 어느 정도의 거리를 유지해야 할까?

"민재하고 우리 집은 근처에 있어서 같은 길을 따라 집에 가는데 민재의 화난 표정이 좀 풀린 것 같아."

● 이럴 때 나는 어느 정도의 거리에 있어도 될까?

★ 아동이 이야기하는 답에 대해 피드백을 준다. 명확한 정답이 있는 것이 아니므로, 답하는 이유에 따라서 융통성 있게 피드백을 준다.

예) 민재가 화가 났을 때, "정말 친한 친구이기 때문에 가까이 다가가서 위로해 준다." 혹은 "화가 났기 때문에 잠시 거리를 멀리 유지한다." 등 이유를 명확하게 설명했을 경우에는 답이 일치하지 않더라도 긍정적인 피드백을 준다.

마무리

★ 친밀한 거리, 사적인 거리, 공적인 거리가 어느 정도의 거리였는지 상기시키고, 기분에 따라서 어떻게 거리가 달라질 수 있는지를 정리한다. 일주일 동안 누구와 얼마만큼 거리를 지킬 수 있었는지 연습해 보고 다음 시간에 이야기 나눌 것을 전달한다.

★ 모든 아동이 돌아가면서 오늘 회기에 참여한 소감과 자신이 생각하기에 오늘 가장 잘 참여한 친구를 한 명 선정하고, 선정한 이유에 대해서도 이야기하도록 한다.

★ 치료자도 오늘의 전체 소감에 대해서 이야기하고, 회기에서 잘 참여했다고 가장 많이 지목된 아동과 치료자가 생각하기에 잘 참여한 아동(즉각적인 초기 보상이 필요한 아동, 동기화가 필요한 아동, 이전에 긍정적인 강화를 많이 못 받은 아동 등 여러 가지 사항을 고려하여 선정)을 신중하게 고려하여 오늘의 MVP를 선정한다.

★ 단, 지난 회기에 비해 조금이라도 변화된 모습을 보이는 아동이 있다면 이를 격려하고 보상할 수 있도록 한다.

경 청 하 기

친구 이야기 잘 들어주기

 활동 목표

1. 경청의 정의 및 필요성에 대해 이해한다.
2. 경청하는 데 필요한 태도를 안다.
3. 연습을 통해 나와 친구의 경청 태도를 파악하고 부족한 부분을 익힌다.

 프로그램 개요 및 준비물

구 분	내 용	준비물
도 입	• 인사, 지난 시간의 활동 검토	–
활 동	• 토끼와 거북이 게임 • 경청의 필요성 인식하기 • 경청의 태도 설명하기 • 경청 연습하기	토끼와 거북이 《활동 5-1》 경청 기술 목록 《활동 5-2》
마무리	• 보상, MVP, 강화물 제공	–

 이번 회기는!

경청의 필요성을 인식시키고 경청하는 태도를 익힌다. 특히 이야기를 할 때 듣는 사람의 태도에 따라 기분이 달라질 수 있다는 점을 강조하면서 경청하는 태도를 연습하도록 한다.

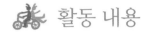 활동 내용

도 입

★ 인사하고 아동을 반갑게 맞이한 후, 지난 회기에서 다루었던 사람들 관계에서의 물리적 거리 중 기억나는 것이 있는지, 일주일 동안 거리 지키기에 대해 어떻게 연습해 보았는지 이야기 나누고 발표한 친구들을 격려한다.

활 동

1) 토끼와 거북이 게임: 준비 활동(〈활동 5-1〉)

★ 청각적인 주의집중력을 요구하는 게임으로, '경청'이라는 오늘의 주제와 관련해서 주의를 환기시킨다. 제시되는 이야기를 읽고, 진행자의 지시에 따라 '토끼' 혹은 '거북이'라는 단어가 나올 때마다 박수를 친다. 활동 후에 경청이 왜 필요한지에 대해서 설명한다.

2) 경청의 필요성 인식하기

★ 두세 명의 아동을 선정해서 다른 사람들에게 지난주에 있었던 일에 대해서 이야기하도록 한다. 이야기를 하지 못하는 아동의 경우에는 주어진 이야기(미리 책이나 인터넷에서 발췌하여 준비할 것)를 다른 사람들 앞에서 읽는 것으로 대체할 수 있다.

★ 나머지 집단 구성원은 처음에 아동이 이야기하는 동안, 아동의 이야기를 듣지 않고 서로 안부를 묻거나 다른 곳을 쳐다보거나 팔짱을 끼고 뒤로 기대어 앉아 있는 것과 같이 딴 짓을 하도록 지시한다. 같은 이야기를 한 번 더 하도록 하는데, 이번에는 다른 사람이 아동의 말을 잘 듣고 잘 쳐다보도록 지시한다.

★ 이야기를 마친 후에 자신의 이야기를 듣는 다른 사람들의 태도에 따라 어떤 기분이 들었는지 나누어 본다. 남들이 내 이야기를 듣지 않았을 때 들 수 있는 기분 (예: 무안하고, 무시당하는 기분, 때로는 화가 나는 것)에 대해 이야기하고 경청의 중요성을 강조한다.

3) 경청의 태도 설명하기

★ 다른 사람들의 이야기를 듣는 데 필요한 자세에 대해서 알아보도록 한다. 우선 아동에게 앞의 경험을 토대로 다른 사람들이 자신의 이야기를 잘 듣고 있다는 것을 어떻게 알게 되었는지 의견을 묻는다. 잘 이야기하지 못한다면 힌트를 주어서 태도적 측면과 언어적 측면에서 경청을 알아차릴 수 있다는 의견을 유도한다. 다음의 내용을 참고하여 정리해서 설명한다.

태도적 측면

● **말하는 사람을 향해 몸을 돌리고, 눈 맞춤하기**
내가 상대방의 이야기에 귀 기울이고 있다는 의미의 태도를 취한다.

● **중간 중간 이야기가 끝날 때마다 고개 끄덕이기**
내가 상대방의 이야기를 지속적으로 경청하고 있다는 의미로 고개를 끄덕인다.

- "아, 그래? 정말?" "그래서 어떻게 됐어?"
  상대방이 말하는 것을 촉진할 수 있는 추임새를 넣는다.
- "그랬구나." "좋았겠다." "힘들었겠다."
  상대방의 이야기를 인정하고 수용하는 말을 한다.

★ 이 외에도 필요한 경청 기술에 대해 아동이 생각하는 것을 자유롭게 이야기하도록 하여 추가할 수 있다.

4) 경청 연습하기

★ 아동의 의견을 수렴해서 적절한 주제를 정한다. 이야기하는 것을 어려워하는 아동의 경우 치료사가 미리 준비한 15줄 내외의 글을 주고 상대방에게 설명하도록 한다.

예) 지금까지 내가 겪었던 가장 깜짝 놀랐던 일, 나를 가장 슬프게 만들었던 일, 동생이 나를 가장 화나게 했던 순간, 가장 행복했던 일 등

★ 두 명의 아동이 팀을 이루어 한 아동이 이야기를 하고 다른 아동이 듣는 역할을 한다. 이야기가 끝난 뒤 듣는 역할을 한 아동은 상대방의 이야기를 요약하여 전달한다. 이때 앉아 있는 다른 아동은 듣는 역할을 하는 아동이 경청 기술을 얼마나 잘 사용하고 있는지, 배운 내용에 근거하여 피드백을 준다.

★ 활동이 끝난 후 서로 잘한 점과 부족했던 점에 대해 이야기하여 부족한 부분을 수정할 수 있도록 한다.

마무리

★ 경청의 필요성, 경청의 기술에 대해서 요약하고, 다른 사람들이 자신의 이야기를 경청했을 때와 그렇지 않을 때의 감정을 연결하여 정리한다.

★ 모든 아동이 돌아가면서 오늘 회기에 참여한 소감과 자신이 생각하기에 오늘 가장 잘 참여한 친구를 한 명 선정하고, 선정한 이유에 대해서도 이야기하도록 한다.

★ 치료자도 오늘의 전체 소감에 대해서 이야기하고, 회기에서 잘 참여했다고 가장 많이 지목된 아동과 치료자가 생각하기에 잘 참여한 아동(즉각적인 초기 보상이 필요한 아동, 동기화가 필요한 아동, 이전에 긍정적인 강화를 많이 못 받은 아동 등 여러 가지 사항을 고려하여 선정)을 신중하게 고려하여 오늘의 MVP를 선정한다.

★ 단, 지난 회기에 비해 조금이라도 변화된 모습을 보이는 아동이 있다면 이를 격려하고 보상할 수 있도록 한다.

지 시 하 기 / 지 시 따 르 기

협조적인 구성원 되기

 활동 목표

1. 집단 활동에서 지시에 잘 따르는 것의 필요성을 이해한다.

2. 지시할 때 필요한 태도에 대해서 안다.

3. 지시를 따를 때 필요한 태도에 대해서 안다.

 프로그램 개요 및 준비물

구 분	내 용	준비물
도 입	• 인사, 지난 시간의 활동 검토	–
활 동	• 잘 듣고 따르기 게임 • 지시하기/지시 따르기 필요성 • 지시하기/지시 따르기 태도 • 지시하기/지시 따르기 게임	연습게임 지시카드 (〈활동 6-1〉) 지시하기/지시 따르기 게임 1 (〈활동 6-2〉) 지시하기/지시 따르기 게임 2 (〈활동 6-3〉) 지시하기/지시 따르기 게임 평가표 (〈활동 6-4〉)
마무리	• 보상, MVP, 강화물 제공	–

 이번 회기는!

또래집단 혹은 학교의 모둠 활동에서 친구들과 원활하게 어울리고 과제를 수행하기 위해서는 다른 사람들과 협동하는 것이 필요하다. 협조적인 집단 구성원이 되기 위해서는 정확하게 지시를 하고, 그 지시에 알맞게 따르는 것이 중요하다. 따라서 지시를 하거나 지시 따르기를 위한 기술을 배우고, 실제 게임을 통해 익숙해질 수 있도록 연습한다.

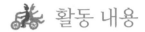 활동 내용

도 입

★ 집단 아동과 인사하고 지난 시간 내용을 복습하는 것으로 시작한다. 집단 규칙을 다시 한 번 읽고 상기시킨 후, 친구들과 어떻게 지냈는지 이야기한다. 한 아동이 이야기하는 동안 다른 아동이 잘 듣고 주의를 기울일 수 있도록 질문하거나 보상한다. 특히 지난 시간에 배운 경청의 태도를 기억하고 사용하고 있는 아동에게 보상한다.

활 동

1) 잘 듣고 따르기 게임: 준비 활동(〈활동 6-1〉)

★ 지시 따르기의 필요성을 인식시키기 위한 간단한 게임을 진행한다.
★ 게임 방법: 종이와 연필을 나누어 갖는다. 치료사는 연습게임 지시카드(〈활동 6-1〉)를 보고 그림을 설명한다. 아동은 치료사의 설명만을 듣고 그림을 그린다. 아동에게 치료사의 이야기가 이해되지 않을 때 다시 질문할 수 있음을 알려 준다.

예) "우선 종이를 가득 채울 만큼 커다란 정사각형을 그리세요. 그 정사각형 안에 작은 도형 두 개를 그릴 건데, 먼저 왼쪽 아래의 모서리에는 동그라미를 그리고 연필로 색칠하세요. 그리고 정사각형의 오른쪽 위의 모서리에는 별 하나를 그려 주세요."

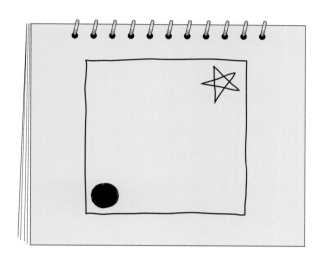

★ 치료사가 문제를 설명하면서 '지시하는 역할'에 필요한 태도를 명확하게 보여 준다.

예) 지시에 따르는 집단 구성원을 쳐다보기, 알맞은 크기의 목소리, 명확한 말투, 화를 내거나 짜증내지 않는 태도, 질문에 대해 성의 있게 대답하기 등

2) 지시하기/지시 따르기 필요성

★ 잘 듣고 따르기 게임을 하면서 어려웠던 점이 무엇인지 이야기를 나누어 본다. 충분히 이야기를 나눈 후, 필요성에 대해서 설명한다. 같은 이야기를 듣고도 사람마다 다른 생각을 할 수 있기 때문에 다른 사람의 입장을 고려해서 정확하게

지시를 하고 또 잘 따르는 것이 중요함을 전달한다.

★ 학교에서 모둠 활동을 할 때 지시를 제대로 못하거나 따르지 않는 친구로 인해서 어려움을 겪었던 경험을 이야기하면서 이해도를 높일 수 있다.

3) 지시하기/지시 따르기 태도

★ 지시하기
① 상대방을 편안한 표정으로 바라본다.
② 전달할 내용의 핵심을 정확하게 설명한다.
③ 웅얼거리지 않는 분명한 말투로 이야기한다.
④ 집단 구성원들이 지시를 정확히 따르고 있는지 확인한다.
⑤ 질문에 대해서 친절하게 설명한다.

★ 지시 따르기
① 상대방을 편안한 표정으로 바라본다.
② 상대방의 말을 이해했다면 대답한다.
③ 지시한 것을 곧바로 시행한다.
④ 주어진 일에 집중하며 중간에 다른 일을 하지 않는다.
⑤ 재확인하고 검토를 받는다.
⑥ 필요한 경우 수정한다.

4) 지시하기/지시 따르기 게임

★ 지시 따르기 게임은 집단 구성원이 많을 경우 팀으로 나누어서 진행할 수 있고, 구성원이 적다면 돌아가면서 리더의 역할을 할 수 있다. 원, 삼각형, 정사각형, 직사각형, 다이아몬드 모양의 도형을 각각 세 가지 크기로 오려서 아동별로 1세트

씩 준비한다(〈활동 6-2〉). 집단 구성원들이 완성시킬 카드(〈활동 6-3〉)는 리더만 볼 수 있다.

★ 아동의 수준에 따라 다양한 형태로 변형해 사용할 수 있다. 리더는 앞에 나와서 팀원에게 지시카드와 똑같이 완성하기 위해 필요한 도형의 모양, 크기를 알려 주고 어떻게 배치해야 하는지를 설명한다. 팀원은 앞에서 배운 바와 같이 헷갈리는 것이 있을 경우에 리더에게 필요한 질문을 하며, 그림을 완성해 간다. 진행되는 과정에서 각 단계를 잘 지켰는지, 진행자나 보조진행자 혹은 다른 팀의 구성원이 관찰하고 피드백을 줄 수 있다(〈활동 6-4〉).

POINT

> 결과물을 놓고 서로 다른 점을 비교하면서, 같은 이야기를 들어도 사람마다 서로 다르게 받아들일 수 있음을 이야기한다.

리더의 역할	팀원의 역할
1. 모양과 크기를 알려 준다. 2. 도형의 배치에 대해서 설명한다. 3. 팀원의 질문에 적절하게 추가, 설명한다.	1. 알려 주는 모양과 크기의 도형을 찾는다. 2. 리더의 지시에 따라 배치한다. 3. 잘 모를 경우에 질문을 한다. 4. 제대로 됐는지 검토한다.

★ 모든 아동이 돌아가면서 오늘 회기에 참여한 소감과 자신이 생각하기에 오늘 가장 잘 참여한 친구를 한 명 선정하고, 선정한 이유에 대해서 이야기하도록 한다.

★ 치료자도 오늘의 전체 소감에 대해서 이야기하고, 회기에서 잘 참여했다고 가장 많이 지목된 아동과 치료자가 생각하기에 잘 참여한 아동(즉각적인 초기 보상이 필요한 아동, 동기화가 필요한 아동, 이전에 긍정적인 강화를 많이 못 받은 아동 등 여러 가지 사항을 고려하여 선정)을 신중하게 고려하여 오늘의 MVP를 선정한다.

★ 단, 지난 회기에 비해 조금이라도 변화된 모습을 보이는 아동이 있다면 이를 격려하고 보상할 수 있도록 한다.

자 기 주 장 하 기

소심이·주장이·심술이

 ## 활동 목표

1. 자신의 의견을 다른 사람들에게 전달하기 위한 바람직한 태도를 안다.
2. 자신의 자기주장 방식을 이해한다.
3. 알맞게 자기주장을 하기 위해서 어떻게 해야 하는지 알아본다.

 ## 프로그램 개요 및 준비물

구 분	내 용	준비물
도 입	• 인사, 지난 시간의 활동 검토	–
활 동	• 자기주장의 정의 및 필요성 • 자기주장의 여러 가지 방식 • 나의 자기주장 방법 및 '주장이' 되기	자기주장 캐릭터 (《활동 7-1》) 나의 자기주장 방법 (《활동 7-2》)
마무리	• 보상, MVP, 강화물 제공	–

이번 회기는!

> 자신의 생각, 기분을 전달하는 바람직한 태도를 배우며·주장이·소심이·심술이 캐릭터를 통해 자기주장의 방법을 쉽게 이해할 수 있도록 한다. 또한 자기주장 태도를 평가해 봄으로써 '주장이'에 가까워지기 위해서 어떤 노력을 할 수 있는지 생각해 보도록 돕는다.

 활동 내용

도 입

★ 집단 아동과 인사하고 지난 시간 내용을 복습하는 것으로 시작한다. 집단 규칙을 다시 한 번 읽고 상기시킨 후, 친구들과 어떻게 지냈는지 이야기한다. 한 아동이 이야기하는 동안 다른 아동이 잘 듣고 주의를 기울일 수 있도록 적절하게 질문하거나 보상한다.

활 동

1) 자기주장의 정의 및 필요성

★ 자기주장이 무엇인지 이야기하고 그 필요성에 대해서 설명한다. 자기주장이란 나의 생각이나 기분을 다른 사람들에게 전달하는 것이다. 적절한 자기주장은 내 생각과 기분을 상대방이 기분 나쁘지 않은 방식으로 전달하여 내가 원하는 목표를 이룰 수 있게 해 준다.

★ 이번 회기에 배우게 될 자기주장 방법에 대해 아동이 학교에서 흔하게 겪을 수 있는 예를 들어 설명한다.

예) "교실에서 우리는 흔히 세 가지 정도의 자기주장 방법을 쓰는 친구들을 볼 수 있어. 예를 들어, 친구 때문에 억울하게 선생님께 혼났을 때는 각자 다른 방식으로 행동해. 우선 내가 잘못한 것이 아닌데도 쭈뼛쭈뼛하고 망설이느라 내 생각과 기분을 제대로 이야기하지 못하는 친구가 있고 또 다른 친구는 소리를 지르거나 화를 내면서 억울함을 호소하는 친구도 있어. 이렇게 이야기한다면 그 후에 어떤 일이 벌어질까? (아동의 답을 듣는다.) 그렇다면 올바른 자기주장 방법은 어떤 모습일까? 적절한 자기주장은 자기의 기분과 생각을 솔직하게 표현하면서도 듣는 사람의 기분을 상하게 하거나 무시하는 말과 행동을 해서는 안 돼. 자기 기분과 생각이 중요한 것처럼 다른 사람의 기분과 생각도 중요하다는 것을 염두에 두고 대화하는 것이 필요해."

2) 자기주장의 여러 가지 방식

★ 자기주장의 다른 태도를 가진 세 명의 캐릭터를 소개한다(〈활동 7-1〉). 캐릭터를 각각의 판에 따로 제작하여 구분하여 설명하는 것이 도움이 된다.

★ 각 캐릭터에 대해서 설명하면서, 이러한 캐릭터를 가진 아동이 할 수 있는 말과 행동 그리고 친구들이 그렇게 할 때 어떤 기분이 드는지 아동의 의견을 들어본다.

방 식	소심이	주장이	심술이
인 물			
성 격	부끄러움을 잘 타고, 걱정이 많음	친구를 배려하고, 행동하기 전에 먼저 생각함	행동이 거칠고, 화를 잘 냄
특 기	혼자서 놀기(친구들과 같이 놀고 싶지만 용기가 없음)	친구들과 협동하기, 화내지 않고 말하기, 칭찬하기	화내면서 말하기, 소리 지르기, 친구 놀리기, 말보다 때리기
행동수칙	남이 싫어하면 무조건 하지 않아.	너와 나 함께 행복하자.	뭐든 내가 원하는 대로!
자주 하는 말	음… 저기… 있잖아…	내 생각은 ~해.	야! 뭐라고!
그렇게 행동하는 이유	자기주장을 하고 싶지만 용기가 없어서, 예의 바른 척해야 할 것 같아서, 내가 그렇게 하지 않으면 다른 사람이 나를 싫어할까 봐~	나도 행복하고, 다른 친구들과도 잘 지내고 싶어서~	내 기분과 생각만 중요하다고 생각하기 때문에, 마음대로 되지 않으면 화를 참을 수가 없어서~

★ 퀴즈 게임

세 가지 방식을 정확하게 구분하고 이해했는지 확인하기 위해서 퀴즈를 낸다. 다음에 제시된 상황을 읽어 주고 소심이 · 주장이 · 심술이의 반응 중 하나를 선택하여 읽어 준 후, 누구의 주장 방식인지 맞혀 보도록 한다. '주장이' 방식이 아닌 경우에는 주장이라면 어떻게 행동했을지 질문하고, 이를 맞히는 것도 독려하며 잘 맞힐 경우 강화할 수 있다.

상황 1

집에 왔는데 형의 게임기가 식탁 위에 놓여 있다. 형이 올 때까지 잠깐만 게임을 해야겠다고 생각해서 게임기를 집어 드는 순간 뚜껑이 툭하고 떨어진다. 그 순간 형이 마침 집에 들어왔다. 내가 게임기를 망가뜨렸다고 생각하고서 나에게 화를 내기 시작한다.

소심이 (깜짝 놀란 표정으로) "아니… 형… 그게 아니라… 내가 한게 아니고… 내가 게임을 하려고 했는데… 갑자기… 그러니까…"

주장이 "형, 화내지 말고 내 말을 들어봐. 내가 게임을 하려고 이제 막 게임기를 들었는데 뚜껑이 떨어졌어. 아마 내가 오기 전에 이미 망가져 있었던 것 같아. 어떻게 된건지 엄마가 오시면 물어보자."

심술이 "내가 한 거 아니라고!! 왜 나한테 화내고 난리야!! 내가 안 그랬어!!"

엄마 심부름을 하러 슈퍼에 다녀오는 길에 친구를 만났다. 심부름을 하고 난 거스름 돈이 1,000원 있었는데, 친구가 그 돈으로 맛있는 것을 사 먹자고 한다. 엄마는 거스름 돈을 꼭 남겨 오라고 이야기하셨다.

소심이 "응? 어… 그런데 있잖아… 이게 사실은…" 등(머뭇거리다가 결국 친구에게 과자를 사 준다.)

주장이 "미안해. 같이 과자를 사 먹고 싶지만 엄마가 거스름 돈을 꼭 남겨 오라고 하셔서 지금은 못 사 줄 것 같아. 다음에 같이 과자 사 먹자."

심술이 "안 돼! 나 빨리 가야 돼! 네 돈으로 사 먹어!!"

3) 나의 자기주장 방법 및 '주장이' 되기

★ 세 가지 자기주장 방법 중에서 내가 주로 사용하는 방법이 무엇인지 이야기해 본다. 상황에 따라 자기주장 방식이 달라질 수 있기 때문에 항상 하나의 방법만 쓰는 것이 아님을 이해시킨다. 그리고 각자 현재 자신이 사용하는 자기주장 방법을 그 빈도에 따라서 나의 자기주장 방법(〈활동 7-2〉)에 적어 기록하도록 한다.

★ 활동지 기록 방법

나의 자기주장 방법(〈활동 7-2〉)과 세 가지 색깔의 색연필을 나누어 준다. 첫 번째 표에는 각자 지금까지의 자기주장 방법을 비율로 나누어 표시할 수 있도록 격려한다. 이해를 돕기 위해 예를 들어 설명해 준다.

예) "나는 '소심이' 방법을 많이 써. 하지만 가끔씩 '심술이'일 때도 있지. 그래서 나는 소심이 7칸, 심술이 2칸, 주장이 1칸으로 칠했어."

★ 두 번째 표에는 앞으로 내가 되고 싶은 주장의 방식은 무엇인지 (주로 주장이의 방식이 가장 많도록 혹은 이전에 비해 늘어나도록 유도한다) 각각 주장 방식을 몇 칸으로 할지 결정하여 색칠하도록 한다. 또한 자신이 심술이 또는 소심이라고 생각하는 이유를 물어보고, 주장이가 되기 위해서는 어떤 노력을 해야 할지 생각해 보도록 한다.

★ 각자 작성한 활동지를 다른 아동 앞에서 발표하고 서로 격려할 수 있도록 한 뒤에 의견을 나눈다.

예) "나는 지금까지는 사실 심술이에 가까운 것 같아. 그래서 심술이 60%, 주장이 30%, 소심이 10%라고 적었어. 그동안 그래서 친구들이 나에게 자꾸 화를 낸다고 화 좀 그만 냈으면 좋겠다고 이야기했나 봐. 그래서 앞으로는 주장이처럼 이야기하고 싶어. 그래서 주장이 70%, 심술이 20%, 소심이 10%가 되려고 노력할 거야. 그러려면 주장을 할 때 소리를 지르거나 짜증을 내면서 말하지 말아야겠어."

마무리

★ 아동에게 오늘 다룬 내용을 환기시키고, 가정과 학교에서도 적용해 보도록 권유한다.

★ 모든 아동이 돌아가면서 오늘 회기에 참여한 소감과 자신이 생각하기에 오늘 가장 잘 참여한 친구를 한 명 선정하고, 선정한 이유에 대해서도 이야기하도록 한다.

★ 치료자도 오늘의 전체 소감에 대해서 이야기하고, 회기에서 잘 참여했다고 가장 많이 지목된 아동과 치료자가 생각하기에 잘 참여한 아동(즉각적인 초기 보상이 필요한 아동, 동기화가 필요한 아동, 이전에 긍정적인 강화를 많이 못 받은 아동 등 여러 가지

사항을 고려하여 선정)을 신중하게 고려하여 오늘의 MVP를 선정한다.

★ 단, 지난 회기에 비해 조금이라도 변화된 모습을 보이는 아동이 있다면 이를
격려하고 보상할 수 있도록 한다.

부 탁 하 기 / 거 절 하 기

예의 바르게 말하기

 활동 목표

1. 예의 바르게 부탁하고 거절하는 방법을 안다.

2. 예의 바르게 부탁하고 거절하는 방법을 연습하여 익힌다.

프로그램 개요 및 준비물

구 분	내 용	준비물
도 입	• 인사, 지난 시간의 활동 검토	–
활 동	• 부탁하기 방법 설명 • 거절하기 방법 설명 • 부탁하기/거절하기 상황 연습	주장이의 부탁과 거절 (〈활동 8-1〉)
마무리	• 보상, MVP, 강화물 제공	–

이번 회기는!

예의 바르게 부탁하고 거절하는 방법을 익힐 수 있으며, 자신의 부탁이 거절당했을 때 어떤 기분이 드는지 이야기해 봄으로써 상대방의 입장을 배려할 수 있도록 한다. 상황극을 통해 부탁하기와 거절하기 방법을 연습한다.

 활동 내용

도 입

★ 집단 아동과 인사하고 지난 시간 내용을 복습하는 것으로 시작한다. 집단 규칙을 다시 한 번 읽고 상기시킨 후, 친구들과 어떻게 지냈는지 이야기한다. 한 아동이 이야기하는 동안 다른 아동이 잘 듣고 주의를 기울일 수 있도록 적절하게 질문하거나 보상한다.

활 동

1) 부탁하기 방법 설명

★ 지난주에 배웠던 세 가지 자기주장 방식을 상기시키며 각각의 캐릭터의 부탁하기 방법에 대해서 이야기 나누어 본다. 예를 들어, 친구에게 물건을 빌려야 할 때 소심이나 심술이는 어떻게 표현할지에 의견을 듣고, 그렇게 표현하는 친구들을 보았을 때 느껴지는 기분에 대해서도 이야기 나눈다.

예) "소심이는 아주 작은 목소리로 고개를 숙이고 '저기… 내가… 지우개를 안 가지고 왔는데… 좀 빌려주면…'이라고 말끝을 흐릴 거야. 아마 심술이는 '나 지우개 쓰게 내놔!' 하고 바로 가져가겠지? 다른 친구들이 나에게 이렇게 이야기한다면 기분이 어떨까?"

★ 부탁하기 방법에 대해 설명하기

주장이라면 어떤 방법으로 부탁을 할 수 있을지 물어보고 아동의 관심을 전환시킨 후에, 올바르게 부탁을 할 때 필요한 태도, 언어 표현 등에 대해서 설명한다. 주장이의 부탁과 거절 그림을 이용해서 구성원이 올바른 부탁하기 방법을 이해할 수 있도록 돕는다(〈활동 8-1〉).

> **부탁하기의 올바른 방법**
>
> 1. 우선 상대방이 내 이야기를 들을 수 있는 상황인지를 파악한다.
> 2. 친구의 이름을 불러 눈을 마주친 후에 이야기를 시작한다.
> 3. 바른 자세와 장난스럽거나 화난 것 같지 않은 표정, 정중한 말투로 이야기한다.
> 4. 부탁을 하는 이유에 대해서도 이야기한다.
> 5. 상대방이 거절할 경우, 한 번 더 정중하게 부탁을 해 본다.
>   그래도 거절할 때는 수용한 후, 다른 친구에게 부탁하거나 다른 방법을 찾아본다.

★ 부탁하기의 방법을 설명할 때는 가능한 한 지난 시간에 배운 소심이·주장이·심술이의 캐릭터를 이용해서 올바른 방법과 그렇지 않은 방법에 대해 시연한다.

★ 부탁을 방해하는 요인

보통 부탁을 할 때는 다른 사람들에게 거절을 당할 수 있다는 걱정, 거절당한 후에 느낄 좌절감 때문에 망설이는 경우가 많다. 거절당할 때 느끼는 감정을 서로 나누고 만일 좌절감을 느꼈다면, 어떻게 해결할 것인지에 대해서도 이야기 나눈다.

2) 거절하기 방법 설명

★ 거절은 자기의 의사를 명확하게 표현하는 방법이다. 자신의 의사를 적절히 표

현하면서도 다른 사람의 기분을 상하지 않게 하는 법을 배우고, 거절당했을 때 어떻게 대처해야 할지 생각해 본다. 부탁하기와 유사하게 소심이·주장이·심술이 캐릭터와 관련지어 더 쉽게 이해할 수 있다.

★ 올바른 거절 방법

주장이의 부탁과 거절 그림(〈활동 8-1〉)을 사용하여, 거절을 할 때 필요한 태도, 언어 표현 등을 설명한다.

거절하기의 올바른 방법

1. 상대방을 부드럽게 쳐다보며 말한다.
2. 진지하고 편안한 표정을 짓는다.
   (웃거나 장난치는 표정은 삼가며, 가능한 한 미안하거나 난감한 표정을 짓는 것이 좋다.)
3. 차분한 말투로 정중하고 예의 바르게 이야기한다.
4. 거절을 하는 이유에 대해서 설명하고 가능하다면 대안을 제시하는 것이 좋다.
5. 상대방을 무시하거나 비난하는 태도를 보이지 않는다.
   (고학년의 경우, 상대방이 기분 나쁘게 느낄 수 있는 미묘한 뉘앙스에 대해서도 이야기를 나누는 것이 도움이 된다.)

★ 거절을 방해하는 요인

보통 거절을 할 때는 다른 사람들이 나를 싫어할지도 모른다는 걱정 때문에 손해를 보면서도 남의 부탁을 거절하지 못할 때가 있다. 거절을 해야 할 때 느끼는 감정을 함께 이야기해 보고 그러한 감정이 당연하다는 것을 인식한다. 또한 거절하지 못해서 생기는 부작용과 거절한 후에 생기는 걱정을 어떻게 해결할 것인지 이야기 나눈다.

3) 부탁하기/거절하기 상황 연습

★ 다른 사람들에게 부탁해야 하는 경우, 거절해야 하는 경우가 언제였는지 각자의 경험을 떠올리며 목록을 만든다. 목록 중 집단 구성원이 공감하는 내용을 칠판에 적어서 공유하거나 다음의 상황 예시를 활용할 수 있다. 각각의 상황에서 어떤 방식으로 부탁 혹은 거절할 수 있는지 의견을 들어보고, 자신은 어떻게 할지 생각해 본다. 이를 바탕으로 상황극을 하면서 부탁하고 거절하는 것을 직접 연습해 본다. 이때 치료사는 집단 구성원이 보이는 자세, 표정, 태도, 언어적인 내용 등에 대해 피드백을 주어 바람직한 부탁 및 거절 방법을 익힐 수 있도록 돕는다.

★ 부탁 및 거절을 하는 상황 예시

상황 1	내용	미술 시간인데 붓을 가지고 오지 않았다. 붓이 없다면 그림도 못 그리고 벌을 받을 수도 있다. 아까 옆 반의 미진이가 붓을 가지고 오는 것을 봤다. 붓을 빌리려고 하는데 어떻게 말을 하면 좋을까?
	부탁 예시	미진아. 내가 오늘 깜박 잊고 붓을 안 가지고 왔는데, 오늘 너희 반 미술 수업 있지? 우리 수업 시간이 너희 다음이니까 너 쓰고 빌려 줄 수 있어? 깨끗하게 쓰고 줄게.
	거절 예시	그렇구나. 그런데 어쩌지? 아까 연신이가 먼저 빌려 달라고 부탁해서 너한테 빌려 주는 건 어려울 것 같아. 미안. 대신 내 짝한테 빌려 줄 수 있는지 한 번 물어봐 줄게.

상황 2	내용	영준이가 며칠 전에 내가 좋아하는 게임 카드를 빌려 주겠다고 했는데, 아직 빌려 주지 않았다. 영준이에게 게임 카드를 빌리기 위해서 어떻게 하면 좋을까?
	부탁 예시	영준아. 지난번에 게임 카드 나한테 빌려 주기로 했었잖아. 괜찮다면 오늘 좀 빌려 줄 수 있을까? 잘 가지고 놀다가 며칠 뒤에 돌려 줄게.
	거절 예시	아, 그랬었지. 그런데 어쩌지? 엄마가 게임 카드를 자꾸 잃어버린다고 친구한테 당분간은 빌려 주지 말라고 하셨거든. 대신 내일 우리 집에 와서 같이 게임 카드하고 노는 건 어때?
상황 3	내용	학원에 가려면 버스를 타고 가야 하는데, 버스카드를 가지고 오지 않았다. 집에 다녀올 시간은 되지 않는데, 같이 학원에 가는 은주가 있다. 은주에게 어떻게 버스비를 내 달라고 이야기할 수 있을까?
	부탁 예시	안녕, 은주야. 나 오늘 버스카드를 깜빡 잊고 안 가져 왔는데, 너 학원 가는 길이면 내 것 좀 같이 내줘도 돼? 내일 학원에서 줄게.
	거절 예시	그렇구나. 그런데, 나도 오늘 버스카드 잔액이 얼마 남지 않아서 네 것까지 내주기가 어려울 것 같아. 어쩌지?

상황 4	내용	정원이가 어제 내가 정말 가지고 싶었던 게임기를 샀다는 이야기를 들었다. 오늘 꼭 그 게임기를 해 보고 싶다. 이럴 때 어떻게 부탁해야 할까?
	부탁 예시	정원아, 너 새로운 게임기 샀다며? 나 그거 정말 꼭~ 한 번 해 보고 싶었는데, 나 그 게임기 하루만 빌려 주면 안 될까?
	거절 예시	너도 이 게임기 좋아하는구나. 그런데 나도 어제 막 산거라서 아직 많이 못해 봐서 빌려 주는 건 좀 어려울 것 같아. 아니면 우리 집에서 같이 하자.

★ 고학년의 경우, 또래 압력이 강해짐에 따라 거절하기 어려운 상황에 놓이기 쉽다. 그러한 상황에 대해 함께 이야기를 나눠 보고, 다음의 예시를 통해 구체적으로 어떻게 거절할 수 있는지를 연습해 보도록 한다.

★ 거절하는 상황 예시

상황	친구가 오천 원을 빌려 달라고 한다. 그런데 친구는 돈을 빌려 가고서 한 번도 갚지 않았다. 지금 난 만 원 정도가 있지만, 빌려 주고 싶지 않다. 어떻게 거절할까?
거절 예시	미안한데, 지금은 내가 돈을 쓸 데가 있어서 안 돼. 그리고 생각해 보니 네가 지난번에 빌려 간 돈도 아직 안 줬잖아.

상황	친구가 계속 담배를 피워 보라고 나한테 강하게 권한다. 호기심은 있지만, 피우고 싶지는 않다. 어떻게 거절할까?
거절 예시	궁금하긴 하지만, 나는 담배를 피고 싶지는 않아. 그리고 건강에도 안 좋대.

마무리

★ 아동에게 오늘 다룬 내용을 환기시키고, 오늘 배운 방법을 토대로 가정이나 학교에서 부탁하거나 거절하는 연습을 할 수 있도록 독려한다.

★ 모든 아동이 돌아가면서 오늘 회기에 참여한 소감과 자신이 생각하기에 오늘 가장 잘 참여한 친구를 한 명 선정하고, 선정한 이유에 대해서도 이야기하도록 한다.

★ 치료자도 오늘의 전체 소감에 대해서 이야기하고, 회기에서 잘 참여했다고 가장 많이 지목된 아동과 치료자가 생각하기에 잘 참여한 아동(즉각적인 초기 보상이 필요한 아동, 동기화가 필요한 아동, 이전에 긍정적인 강화를 많이 못 받은 아동 등 여러 가지 사항을 고려하여 선정)을 신중하게 고려하여 오늘의 MVP를 선정한다.

★ 단, 지난 회기에 비해 조금이라도 변화된 모습을 보이는 아동이 있다면 이를 격려하고 보상할 수 있도록 한다.

상 황 파 악 하 기

분위기 알아차리기

🏍 회기 목표

1. 사회적 상황을 파악해야 하는 필요성을 이해한다.
2. 사회적 상황을 파악할 때 필요한 요소를 알고 연습한다.

🏍 회기 개요

구 분	내 용	준비물
도 입	• 인사, 지난 시간의 활동 검토	–
활 동	• 사회적 상황 파악하기 • 사회적 상황 파악 연습하기	상황 파악 그림 (〈활동 9-1〉)
마무리	• 보상, MVP, 강화물 제공	–

🏍 이번 회기는!

또래관계에서 상황에 맞는 적절한 행동을 하기 위해서 주변 분위기가 어떠한지, 어떤 일이 일어나고 있는지 파악하는 것이 중요하다. 따라서 상황을 파악하기 위해서는 어떤 노력과 방법이 필요한지 이해하고 연습하도록 한다.

회기 내용

도 입

★ 집단 아동과 인사하고 지난 시간 내용을 복습하는 것으로 시작한다. 일주일 동안 지내면서 지난 시간에 배웠던 부탁하기와 거절하기의 방법을 사용했던 구성원의 경험을 격려하고 피드백을 해 준다.

활 동

1) 사회적 상황 파악하기

★ 사회적 상황 파악의 필요성 설명하기

말이나 글로 설명하지 않아도 우리는 현재 내가 있는 곳의 분위기, 상대방의 기분 등을 알아차릴 수 있다. 그리고 그 상황에 맞게 행동하는 것은 우리가 여러 사람들과 좋은 관계를 맺으면서 살아가는 데 아주 중요하다. 다음의 예를 이용하여 의견을 교환하면서 분위기를 파악하는 것의 중요성을 이해시킨다.

예) "수업 시간에 선생님이 갑자기 하던 말을 멈추고 가만히 계신다고 생각해 보자. 어떤 일이 벌어진 걸까? 왜 갑자기 말을 멈추신 걸까? (아동에게 질문하고 다양한 의견을 듣는다.) 그런데 그건 어떻게 알 수 있지? (의견을 들은 후, 대답의 내용들을 토대로 다시 설명한다.) 그래, 맞아. 선생님의 표정이나 변화된 행동 등으로 알 수 있지. 그런데 그런 상황도 모르고 갑자기 큰 소리로 떠들거나 웃으면 어떻게 될까?"

★ 사회적 상황을 파악하기 위해 살펴야 하는 요인

사회적 상황을 파악할 때 살펴야 하는 요인에 대해서 다음의 내용을 바탕으로 설명한다.

사회적 상황을 파악하기 위해 살펴야 하는 요인

1. 주변 상황 단서
예) 우는 친구가 들고 있는 시험지, 화난 두 친구 사이에 있는 깨져버린 장난감 등

2. 자세나 태도
예) 허리에 손을 올리고 있거나 팔짱을 끼고 있는 엄마, 주먹을 쥐고 있는 친구 등

3. 표정
예) 화난 것 같은 사나운 표정, 눈물을 흘리고 있는 슬픈 표정 등

4. 말투
예) 투덜거리며 불평하는 듯한 말투, 미안한 듯 말꼬리를 흐리는 말투 등

5. 목소리
예) 갑자기 커진 목소리, 높은 톤의 애교 섞인 목소리, 들릴 듯 말 듯한 작은 목소리 등

6. 말의 내용
예) 상대방의 언어적 전달 내용을 주의 깊게 듣고 파악한다.

---

2) 사회적 상황 파악 연습하기

★ 앞에서 배운 사회적 상황 파악하기 요인들을 기초로 상황 파악 그림(〈활동 9-1〉)의 상황을 파악하고, 어떻게 행동해야 할지 이야기를 나누어 본다. 그림을 보여 주고, 치료사는 그림에 나와 있는 대화의 내용을 읽어 준다. 말풍선 대화를 읽을 때는 집단 구성원이 비언어적인 단서를 찾을 수 있도록 상황에 맞는 목소리와 말투를 정확하게 표현해 준다. 각각 제시된 상황에 대해서 다음의 세 가지 질문을 던지

고 이야기를 나눈다.

　① 지금 어떤 상황인지 파악하기

　② 그렇게 생각한 이유(사회적 상황 파악 요인들)

　③ 그렇다면 어떻게 행동해야 하는지

★ 예시에 적힌 답이 아니더라도 아동의 의견 중 단서와 상황이 인과적으로 잘 연결되어 있을 경우 융통성 있게 수용해 준다.

1) 어떤 상황인가?

- 아동이 밤늦게 친구네 집에 놀러 가겠다고 하지만, 엄마가 안 된다고 하는 상황

2) 그렇게 상황을 판단하게 된 이유는(사회적 상황 파악 요인에 근거)?

- 주변 상황 단서: 어두워진 하늘과 늦은 시간을 가리키는 시계, 오늘의 할 일
- 비언어적 단서: 팔을 허리에 댄 자세, 화난 표정, 엄마의 말투
- 언어적 단서: "네 마음대로 해!"

3) 어떻게 행동해야 할까?

- 오늘은 친구네 집에 놀러 가지 않기로 한다.
- 만약 엄마가 한 "네 마음대로 해!" 말의 문자 그대로 뜻을 이해하고, 친구네 집에 놀러 나간다면? 아마 엄마에게 혼이 날 것이다. 당분간 친구들과 만나지 못할 수도 있다.

|상황 2-1|

수업 시작 10:50

1) 어떤 상황인가?

- 게임을 하고 있는 사이 수업 시간이 되어 선생님께서 교실로 들어오셨다.

2) 그렇게 상황을 판단하게 된 이유는(사회적 상황 파악 요인에 근거)?

- 주변 상황 단서: 아동 모두가 갑자기 후다닥 자기 자리에 가서 앉음

  조용해진 교실. 시간이 달라짐(10시 45분 → 10시 50분)

- 비언어적 단서: 친구들의 긴장된 표정, 손짓, 소곤거리는 작은 목소리
- 언어적 단서: "야, 앉아."

3) 어떻게 행동해야 할까?

- 일단 다른 친구들이 하는 대로 재빨리 자리로 가서 앉는다.
- 만약 상황을 파악하지 못하고 친구들에게 "왜 그래?"라고 큰소리로 말하고 계속 게

  임을 하자고 한다면, 선생님께 혼나게 될지도 모른다.

1) 어떤 상황인가?

- 오늘은 엄마가 피자를 만들어 준다고 약속한 날이라 잔뜩 기대하고 집에 왔는데, 동생이 엄마에게 크게 혼이 나고 집안 분위기가 좋지 않은 상황

2) 그렇게 상황을 판단하게 된 이유는(사회적 상황 파악 요인에 근거)?

- 주변 상황 단서: 어질러진 장난감, 엎질러진 물
- 비언어적 단서: 울고 있는 동생의 표정, 나를 쳐다보지 않는 엄마의 자세
- 언어적 단서: 아무런 언어적 반응이 없음

3) 어떻게 행동해야 할까?

- 일단, 조용히 내 할 일을 하면서 엄마의 기분과 상황을 살핀다.
- 내가 원하는 대로 피자를 만들어 먹자고 주장하거나, 안 준다고 화를 내면 어떻게 될까? 엄마에게 나도 괜히 혼이 나거나 엄마가 화를 낼 수 있다.

1) 어떤 상황인가?

● 친구들이 뭔가 나에게 말 못하는 비밀스러운 이야기를 하고 있었다.

(내가 없는 자리에서 내 뒷이야기를 하거나 나의 깜짝 생일파티를 준비하고 있음)

2) 그렇게 상황을 판단하게 된 이유는(사회적 상황 파악 요인에 근거)?

● 비언어적인 단서: 주변의 눈치를 살피며 작은 목소리로 이야기하는 친구들, 당황
한 친구 표정, 주고 받는 눈짓, 갑자기 자리를 피하는 친구의 행동

3) 어떻게 행동해야 할까?

● 뭔가 내가 몰라야 하는 비밀스러운 일이 일어나고 있음을 감지하고, 무슨 일인지
살짝 물어보거나 우선 그냥 모른 척한다. 나중에 그 친구 중 가장 이야기가 잘 통
할 것 같은 친구를 불러 무슨 일인지 조심스럽게 물어본다.

● 이 상황에서 내가 의도한 대로 게임을 하자고 하면, 분위기가 어색해지고 눈치 없는
아이로 몰릴 수 있으므로 일단 게임은 나중에 하는 것이 좋다.

TIP

제시된 자료 그림만으로 상황 파악하기 연습이 충분하지 않은 경우 다양한 그림 자료, 책,
동영상 자료들을 활용할 수 있다. 참여한 아동의 사회적 상황과 유사한 자료를 찾는 것이 좋
고, 자료를 제시한 뒤에는 상황을 파악하며, 그렇게 생각한 원인, 앞으로 어떻게 해야 하는지
에 대해 이야기 나눈다.

마무리

★ 아동에게 오늘 다룬 내용을 환기시키고, 가정과 학교에서 상황을 파악하고 대처하는 연습을 해 볼 수 있도록 격려한다.

★ 모든 아동이 돌아가면서 오늘 회기에 참여한 소감과 자신이 생각하기에 오늘 가장 잘 참여한 친구를 한 명 선정하고, 선정한 이유에 대해서도 이야기하도록 한다.

★ 치료자도 오늘의 전체 소감에 대해서 이야기하고, 회기에서 잘 참여했다고 가장 많이 지목된 아동과 치료자가 생각하기에 잘 참여한 아동(즉각적인 초기 보상이 필요한 아동, 동기화가 필요한 아동, 이전에 긍정적인 강화를 많이 못 받은 아동 등 여러 가지 사항을 고려하여 선정)을 신중하게 고려하여 오늘의 MVP를 선정한다.

★ 단, 지난 회기에 비해 조금이라도 변화된 모습을 보이는 아동이 있다면 이를 격려하고 보상할 수 있도록 한다.

협 동 하 기

친구들과 마음 모으기

 ## 활동 목표

1. 또래관계에서 협동이 필요한 이유에 대해 인식한다.
2. 협동 시 비언어적인 단서를 알아차리고 활용한다.

 ## 프로그램 개요 및 준비물

구 분	내 용	준비물
도 입	• 인사, 지난 시간의 활동 검토	–
활 동	• 협동의 필요성 설명하기 • 협동에 필요한 기술 • 협동 연습하기	도화지, 색연필
마무리	• 보상, MVP, 강화물 제공 • 부모님 편지 배부	부모님 편지 (〈활동 10-1〉)

 ## 이번 회기는!

그동안 배운 여러 가지 사회 기술을 활용하는 회기다. 특히 협동하기 활동을 하는 동안 비언어적 의사소통을 통해 분위기를 파악하고 자신의 의사를 전달하여 집단 구성원들과 순조롭게 협동할 수 있도록 연습한다.

 활동 내용

도입

★ 집단 아동과 인사하고 지난 시간 내용을 복습하는 것으로 시작한다. 집단 규칙을 다시 한 번 읽고 상기시킨 후, 친구들과 어떻게 지냈는지 이야기한다. 한 아동이 이야기하는 동안 다른 아동이 잘 듣고 주의를 기울일 수 있도록 적절하게 질문하거나 보상한다.

활동

1) 협동의 필요성 설명하기

★ 오늘의 주제인 '협동' 을 상기시키며, 협동이 무엇인지와 필요한 이유에 대해서 질문한다. 다른 사람들과 더불어 살아가며 좋은 관계를 맺는 것은 보다 행복하고 즐겁게 살기 위해서 매우 중요하다. 그리고 여러 사람이 함께 모여 있을 때, 서로 힘을 합친다면 혼자서는 해내기 어려운 큰일도 쉽게 해결할 수 있게 된다.

2) 협동에 필요한 기술

★ 지금까지 이 프로그램을 통해서 다른 사람들과 잘 어울릴 수 있는 방법을 배워왔음을 상기시킨다. 즉, 지금까지 배워왔던 내용들이 '협동하기' 의 구체적인 방법들임을 이야기하고, 배운 내용들 중에 기억나는 것을 모든 집단 구성원이 한 번 이

상 이야기할 수 있도록 한다. 또한 아동의 의견을 토대로 지금까지 배웠던 기술을 간략하게 정리한다.

예) "다른 사람들과 힘을 합치기 위해서 우선 다른 사람의 말을 잘 들어주어야 하며(경청), 효율적으로 일을 처리하기 위해서 리더의 지시를 잘 따르고, 정확하게 지시하는 것도 필요해(지시하기/지시 따르기). 또한 자신의 의견을 다른 사람들에게 정확하게 전달하고(자기주장), 예의 바르게 부탁하거나 거절해야 효율적으로 협동할 수 있어(부탁하기/거절하기). 이와 더불어 상대방의 감정에 따라서 거리를 두거나(물리적인 거리), 분위기를 파악한 후 이에 맞게 행동해야 협동을 잘할 수 있게 된단다(상황 파악하기)."

3) 협동 연습하기

★ '미술 공동화 작업(한 장의 종이에 집단 구성원이 함께 그림을 그리는 작업)'을 통해 지금까지 우리가 배워온 사회적 기술을 모두 연습할 수 있는 협동 작업을 할 것임을 이야기한다. 미술 공동화 작업의 주제(예: 동물원, 학교, 소풍 등)를 선택하고, 아동에게 각기 다른 색의 색연필을 한 가지씩 준다. 미술 공동화 작업의 규칙을 전달하고 시작한다. 종이의 크기는 구성원의 수, 연령에 따라 결정한다.

미술 공동화 작업의 규칙

1. 순서는 정해져 있지 않지만 한 번에 한 사람만 그린다(다른 사람이 그리는 동안 동시에 그릴 수 없다).
2. 미술 공동화 작업 동안에는 언어적인 의사소통을 금하고 눈빛, 표정, 몸짓 등의 비언어적 의사소통만을 사용한다.
3. 다른 사람이 그린 부분을 활용(침범, 수정, 연결, 보완 등)해야 할 경우 비언어적 의사소통 방법으로 반드시 상대의 동의를 구한 후에 그린다.
4. 미술 공동화 작업 중에는 처음에 자신이 선택한 한 가지 색의 색연필만을 사용한다.

★ 미술 공동화 작업을 마친 후 다음의 질문 사항들을 바탕으로 집단의 역동에 대해 이야기를 나눈다.

① 주제와 다소 동떨어져 보이는 그림이 있다면 어떤 것인지 찾아보고, 그 부분을 그린 아동에게 그 이유와 의미를 설명하도록 한다.

② 만일 다른 사람이 내가 그린 부분을 활용하여 그림을 그렸을 때 기분은 어땠는지 또 상대방이 거절했을 때 어떤 기분이었는지 이야기 나눈다.

③ 비언어적 의사소통만을 사용하면서 불편했던 점에 대해서 이야기 나눈다.

④ 공동으로 그린 그림의 제목을 다함께 정하고, 협동의 의미에 대해서 다시 한 번 상기시킨 후에 활동을 마무리한다.

 TIP

치료자는 아동이 미술 공동화 작업을 하는 동안 행동 관찰을 통해 전체 그림에서 차지하는 아동의 비중, 역할 등을 구체적으로 파악한다. 과정 중에 드러난 각 집단 구성원의 특성(되도록이면 특별히 기여하거나 협동을 잘했던 부분)이 미술 공동화 작업에 어떠한 영향을 미쳤는지 의견을 나눈다.

예를 들면, 다음과 같은 사항을 다룰 수 있다.

● 그림의 크기나 영역: 전체 그림 중 각 아동이 차지한 비율은 어떤지, 그림의 크기는 어떠한지
● 그림의 위치: 중앙 혹은 구석에 위치하는지
● 다른 아동의 그림 활용: 침범하여 공격하는지, 부족한 부분을 보완해 주는지, 그림과 그림을 연결하여 더 큰 의미를 만들어 내는지 등
● 그림의 주제: 주어진 주제에 맞는 내용의 그림인지
● 행동: 비언어적 의사소통을 적절하게 사용하고 이해하는지, 말을 하지 않는 규칙을 준수하는지, 다른 아동이 그림을 그리는 동안 관심을 가지는지, 활동에 집중하는지 등에 대한 내용을 다룬다.

마무리

★ 프로그램에서 배운 여러 가지 사회 기술을 잊지 않고 활용할 수 있도록 격려한다.

★ 모든 아동이 돌아가면서 오늘 회기에 참여한 소감과 자신이 생각하기에 오늘 가장 잘 참여한 친구를 한 명 선정하고, 선정한 이유에 대해서도 이야기하도록 한다.

★ 치료자도 오늘의 전체 소감에 대해서 이야기하고, 회기에서 잘 참여했다고 가장 많이 지목된 아동과 치료자가 생각하기에 잘 참여한 아동(즉각적인 초기 보상이 필요한 아동, 동기화가 필요한 아동, 이전에 긍정적인 강화를 많이 못 받은 아동 등 여러 가지 사항을 고려하여 선정)을 신중하게 고려하여 오늘의 MVP를 선정한다.

★ 단, 지난 회기에 비해 조금이라도 변화된 모습을 보이는 아동이 있다면 이를 격려하고 보상할 수 있도록 한다.

★ 다음 주가 집단의 종결 회기임을 알린다.

★ 특히 부모에게 아동이 사회성 향상 프로그램에 참여하면서 좋은 친구가 되기 위해 노력한 점과 실제로 향상된 점에 대해서 칭찬하는 부모님 편지(〈활동 10-1〉, 11회기에 읽을 예정)를 써서 치료자에게 전해 달라고 부탁드린다. 부모가 편지를 가지고 오지 않는 경우 마지막 회기의 진행이 어려울 수 있으므로 반드시 편지를 써 올 수 있도록 요청한다.

종 결

달라진 내 모습

 활동 목표

1. 프로그램 목표 달성 여부를 파악하여 성취감을 느낀다.
2. 집단 구성원 간의 피드백을 통해 자신의 긍정적인 변화를 인식한다.
3. 집단에서 습득한 사회적 기술을 일반화할 수 있는 방법에 대해 이야기 나눈다.

 프로그램 개요 및 준비물

구 분	내 용	준비물
도 입	• 인사, 지난 시간의 활동 검토	–
활 동	• 전체 프로그램의 복습 • 좋은 친구 달성 여부 파악하기	앞으로 되고 싶은 내 모습 (《활동 3–3》) 부모님 편지 (《활동 10–1》)
마무리	• 보상, MVP, 강화물 제공, 종결 파티	간식

 이번 회기는!

사회성 프로그램을 종결하는 마지막 회기로서 아동이 그동안 배운 기술을 복습하면서 좋은 친구가 되기 위해 달라진 점을 알아차리도록 한다. 또한 부모님의 편지를 읽어 주고, 집단 구성원끼리 긍정적인 피드백을 나누면서 아동이 노력한 점에 대해 격려와 지지를 제공한다.

 활동 내용

도 입

★ 지난 시간 활동한 내용(협동하기)에 대해 상기시키고, 가정이나 학교에서 유사한 상황이 있었는지 그때 어떻게 참여하였는지 이야기 나눈다. 오늘 회기가 프로그램의 마지막 날임을 주지시키고, 적극적으로 참여하여 마무리할 수 있도록 격려한다.

활 동

1) 전체 프로그램의 복습

★ 각 회기의 내용에 해당하는 사회성 기술(다음 표의 첫 번째 칸)을 제시한 후, 아동에게 지난 10회기 동안 했던 활동을 떠올려보고 발표하도록 격려한다. 내용을 쉽게 떠올리지 못할 경우 활동 제목과 같은 단서를 주고 발표하지 않은 아동에게도 기회가 돌아가도록 한다. 아동의 의견을 모아 각 회기에서 핵심적으로 전달하고자 했던 내용을 정리한다.

2) 좋은 친구 달성 여부 파악하기

★ 프로그램 초반(3회기)에 진행하였던 '좋은 친구 vs 나쁜 친구 특성'에 대해 이야기 나누면서 이때 작성하였던 앞으로 되고 싶은 내 모습(〈활동 3-3〉)에 적었던

내 목표를 보고, 각 항목별로 자신이 달성했다고 생각하는 정도에 따라 10점 만점으로 점수를 매긴다. 다음으로 점수를 준 이유를 설명하고 잘했던 점과 아쉬웠던 점에 대해 이야기하며, 앞으로 어떤 노력이 필요한지 이야기를 나눈다.

사회적 기술	내 용	핵심 내용
물리적인 거리	• 친밀한 거리 • 사적인 거리 • 공적인 거리	사람 사이에는 관계에 따라 지켜야 할 거리가 있으며, 상대방의 기분에 따라서도 거리는 달라져야 한다.
경청하기	• 태도적 측면 • 언어적 측면	다른 사람의 이야기를 잘 듣기 위해서 태도적·언어적으로 적절한 자세를 취해야 한다.
지시하기/ 지시 따르기	• 지시하는 태도 • 지시를 따르는 태도	협조적인 집단 구성원이 되기 위해서는 정확하게 지시를 하고 그 지시에 알맞게 따르는 능력이 중요하다.
자기주장	• 소심이 • 주장이 • 심술이	자신의 의견을 이야기할 때 명확하게 의견을 전달할 필요가 있으며, 그러기 위한 노력이 필요하다.
부탁하기/ 거절하기	• 예의 바른 말투 • 예의 바른 표정 • 이유 설명하기	부탁이나 거절을 할 때 서로 마음이 상하지 않도록 예의 바른 태도로 이야기할 필요가 있다.
상황 파악하기	• 비언어적 단서 • 언어적 단서	상황 판단에는 주변의 상황 단서와 다른 사람의 자세, 표정, 말투, 목소리 등의 비언어적인 단서, 이야기의 내용에서 파악할 수 있는 언어적 단서 등을 알아차리는 것이 필요하다.

★ 지난 회기에 보호자에게 과제로 부여한 부모님 편지(〈활동 10-1〉)를 회수하여 작성한 내용을 주 치료자가 읽고 해당 편지를 누구의 부모님이 작성하셨는지 퀴즈 형식으로 맞추어 보게 한다.

★ 지금까지 프로그램에 참여하는 동안 다른 집단 구성원이 좋은 친구가 되기를 위해 어떤 노력을 했는지 집단 구성원끼리 긍정적인 피드백을 나눌 수 있도록 한다.

- ○○이 좋은 친구 기술 중에 가장 잘 사용하는 것은?
- 가장 기억에 남는 활동(또는 회기)과 이유는?
- 가장 어렵거나 힘들었던 활동과 이유는?
- 실제 친구들과의 사이에서 써 본 적이 있는 것은?
- 실제 친구들에게 가장 쓰기 어려운 것과 이유는?

마무리

★ 그동안 열심히 참여한 아동의 노력에 대해 강화하고 집단 프로그램에서 배운 여러 가지 사회 기술을 잊지 않고 활용할 수 있도록 격려한다. 아동의 강점을 강조한 수료증 및 상장 등으로 보상할 수 있다(예: 결석 없이 성실히 참여한 아동, 활동지를 열심히 한 아동, 경청의 기술을 잘 사용한 아동, 부드러운 말투를 사용한 아동 등). 이때는 아동이 열심히 하거나 잘한 점을 칭찬할 수도 있고, 부족한 점을 이끌도록 격려하는 방법을 사용할 수도 있다.

★ 집단 구성원과 헤어지고 종결하는 것에 대한 아쉬운 마음을 나누고 공감한다. 마지막으로 간단한 다과로 종결 파티를 하면서 그동안의 노력에 대해 축하한다.

★ ★ ★

워크북

초등학생을 위한 사회성 향상 프로그램
'친구야, 놀자'

이미지 게임 리스트

친구들을 잘 관찰해 보고 다음에 있는 내용에 해당하는 친구가 누구일 것 같은지 손가락으로 가리켜 보아요!

🐰 재미있을 것 같은 친구

- -

🎵 노래 부르기를 좋아할 것 같은 친구

- -

📖 책 읽기를 좋아할 것 같은 친구

- -

🎨 그림 그리기를 좋아할 것 같은 친구

- -

🐱 이성 친구가 많을 것 같은 친구

- -

⏰ 아침에 일찍 일어날 것 같은 친구

- -

✏️ 글짓기를 좋아할 것 같은 친구

- -

🏃 운동하는 것을 좋아할 것 같은 친구

💙 친구에게 칭찬을 잘할 것 같은 친구

📋 약속을 잘 지킬 것 같은 친구

🪞 외모 꾸미기를 좋아할 것 같은 친구

🥤 학교 가기를 좋아할 것 같은 친구

👐 친구에게 양보를 잘할 것 같은 친구

🕹️ 게임에서 규칙을 잘 지킬 것 같은 친구

✌️ 이번 프로그램에서 열심히 참여할 것 같은 친구

별칭 짓기

평소 내가
좋아하는 것,
잘하는 것,
자랑하고 싶은 것

앞에 적은 것들 중에서
나를 가장 잘 표현하는 것을 골라서 별칭을 지어 보세요.

🍅 내가 짓고 싶은 별칭

🍅 그 이유

자기소개

나의 이름 _____

🐙 내가 좋아하는 놀이는(취미)?	🍎 내가 잘하는 것은(특기)?
👧 내가 좋아하는 친구는(이유는)?	😠 내가 싫어하는 친구의 행동은?
☁️ 나의 장래희망(꿈)은? 이유는?	💧 내가 가장 힘들었던 순간은?
🎲 내가 가장 좋아하는 게임은?	🏀 내가 가장 좋아하는 운동은?
🌷 나의 소원은?	💗 나의 성격 중에 가장 좋은 점은?

좋은 친구 vs 나쁜 친구 특성

다른 친구를 도와준다.	작은 일에도 크게 화를 낸다.
친구의 좋은 점을 칭찬해 준다.	친구를 때린다.
함께 놀 때 규칙과 약속을 잘 지킨다.	친구에게 나쁜 말을 한다.

실수나 잘못을
하면 그대로
인정한다.

규칙을 어긴다.

친구에게
다정하게
이야기한다.

인상을 쓰면서
이야기한다.

밝은 표정으로
이야기한다.

친구가 말할 때
끼어든다.

친구의 이야기를
잘 들어준다.

같이
놀아 주지
않는다.

속상할 때
위로해 준다.

수업 시간에
공부할 때
방해한다.

친구를
재미있게
해 준다.

잘 씻지 않아서
지저분하다.

준비물을
빌려준다.

장난을
많이 친다.

친구들이 좋아하는 친구

친구들이 싫어하는 친구

지금 내 모습 탐색

지금 내 모습에 해당되는 내용에 ○표 하세요.

다른 친구를 도와준다.	작은 일에도 크게 화를 낸다.
친구의 좋은 점을 칭찬해 준다.	친구를 때린다.
함께 놀 때 규칙과 약속을 잘 지킨다.	친구에게 나쁜 말을 한다.
실수나 잘못을 하면 그대로 인정한다.	규칙을 어긴다.
친구에게 다정하게 이야기한다.	인상을 쓰면서 이야기한다.
밝은 표정으로 이야기한다.	친구가 말할 때 끼어든다.
친구의 이야기를 잘 들어준다.	같이 놀아 주지 않는다.
속상할 때 위로해 준다.	수업 시간에 공부할 때 방해한다.
친구를 재미있게 해 준다.	잘 씻지 않아서 지저분하다.
준비물을 빌려준다.	장난을 많이 친다.

앞으로 되고 싶은 내 모습

좋은 친구 모습	갖고 싶은가?	우선 순위	어떤 노력이 필요할까?
다른 친구를 도와준다.			
친구의 좋은 점을 칭찬해 준다.			
함께 놀 때 규칙과 약속을 잘 지킨다.			
실수나 잘못을 하면 그대로 인정한다.			
친구에게 다정하게 이야기한다.			
밝은 표정으로 이야기한다.			
친구의 이야기를 잘 들어준다.			
속상할 때 위로해 준다.			
친구를 재미있게 해 준다.			
준비물을 빌려준다.			

좋은 친구놀이 게임 카드

|행동 카드|

다른 친구를 _____ 준다. 앞으로 2칸	친구가 준비물을 가지고 오지 않았을 때는 어떻게 도와줄까요? 앞으로 2칸	O/X 문제 같이 놀자고 부탁하는 친구와 같이 놀아 준다. 좋은 모습이라면 O 나쁜 모습이라면 X 앞으로 2칸
다른 친구 도와주기 친구가 다쳤을 때 어떻게 도와줄까요? 앞으로 1칸	장난을 치다가도 친구가 싫다고 하면 바로 _____ 앞으로 2칸	친구가 놀려서 조금 화가 났다. 이럴 때 어떻게 해야 할까? 앞으로 2칸
게임을 할 때 _____ 을 꼭 지킨다. 앞으로 1칸	친구가 이야기할 때 힌트: 고개를 끄덕이거나 대답을 해 주면서 앞으로 1칸	수업 시간에 친구를 방해하면 안 돼요. 친구와 놀고 싶다면 _____ 놀아요. 힌트: 수업 시간이 아닐 때! 앞으로 3칸
실수나 잘못을 했을 때 그대로 _____한다. 앞으로 2칸	인상을 쓰면서 이야기하는 대신 _____표정으로 이야기한다. 앞으로 1칸	O/X 문제 다 같이 게임을 하다가 규칙을 어기는 것은 좋은 친구의 행동이다. 앞으로 2칸

|언어 카드|

친구 칭찬하기

옆에 있는 친구의
좋은 점을
칭찬해 주세요.

앞으로 3칸

게임을 하다가 말을 2칸만
움직여야 하는데 실수로
3칸을 움직였어요. 그런데
옆에 있던 친구가 화를 내요.

나는 이럴 때
어떻게 말해야 할까요?

앞으로 3칸

친구를
_____ 해 준다.

힌트:
너 머리스타일이
멋있다, 너 잘한다~ 등

앞으로 1칸

친구의 좋은 점을
_____ 해 준다.

앞으로 2칸

★ 행운의 카드 ★

친구에게 나쁜
말을 하고 싶어도
꾹 참았다.

앞으로 3칸

친구를 도와줄 수
있는 방법을 한 가지
이야기해 보아요.

앞으로 1칸

쉬는 시간에 화장실을 가다가
친구의 책을 떨어뜨렸다.

이럴 때 솔직하게
이야기하고 사과하는
말을 해 보세요.

앞으로 1칸

친구가 시험을
못 봐서 집에서 혼이
많이 났다고 이야기
하고 있다.

친구에게 어떻게
이야기할까요?

앞으로 2칸

장난을 치다가 실수로
친구의 책을 떨어뜨렸다.

제일 먼저
해야 하는 말은?

힌트: 미○○.

앞으로 1칸

게임에서 져서
속이 상한 친구의
이야기를 듣고
위로해 주세요.

앞으로 2칸

친구에게
다정한 말투, 목소리로
이야기해 보세요.

힌트: 오늘 옷을
따뜻하게 입었네~,
감기 걸렸어? 등

앞으로 1칸

내 색연필을 빌려갔던
친구가 깜빡 잊어버렸다며
오늘도 주지 않았다.

이럴 때 어떻게
이야기하면 좋을까?

앞으로 2칸

|감정 카드|

★ 행운의 카드 ★ 구호 외치기 친구는 때리면 안 돼! 사이좋게 지내자. 앞으로 1칸	친구들이 나를 편안하게 느낄 수 있는 편한 표정을 지어 보아요. 앞으로 1칸	억울하게 담임선생님께 혼나고 울적한 기분이 되었다. 그런데 친구가 자기와 같이 놀아 주지 않는다며 화를 낸다. 이럴 때 기분은 어떨까? 앞으로 2칸
친구에게 이야기할 때 _____ 표정으로 이야기한다. 앞으로 1칸	O/X 문제 친구가 실수로 나를 치고 지나갔을 때 고래고래 소리를 지르고 친구에게 나쁜 말을 했다. **좋은 모습이라면 ○ 나쁜 모습이라면 ✕** 앞으로 1칸	생일파티에 초대받지 못해서 서운했는데, 생일인 친구가 깜빡했다며 꼭 와달라고 부탁한다. 이럴 때 기분은 어떨까? 앞으로 1칸
친구들을 재미있게 해 주세요. 앞으로 4칸	친구가 한 번도 본 적이 없을 만큼 크게 화가 나서 씩씩거리고 있다. 이럴 때 나는 어떻게 해야 할까? 앞으로 1칸	감기에 걸려서 몸이 아프다. 그래도 학교에 왔는데 친구가 자꾸만 짓궂은 장난을 친다. 이럴 때 기분은 어떨까? 앞으로 2칸
★ 행운의 카드 ★ "나는 친구들에게 정말 좋은 친구가 될 거야!" 라고 크게 외친다. 앞으로 4칸	친구한테 이야기할 때 밝은 표정을 지어 보아요. 앞으로 2칸	친구가 우리 엄마한테도 허락을 받았다며 내일 놀이동산에 같이 놀러가자고 한다. 이럴 때 기분은 어떨까? 앞으로 1칸

좋은 친구놀이 게임판

시작!

도착!
좋은 친구가
될 거야!

친밀한 사이 VS 덜 친한 사이 비교

〈친밀한 사이〉

〈덜 친한 사이〉

물리적 거리 연습 자료

슈퍼 아저씨

도서관 선생님

누나

친구의 엄마

처음 본 사람

아기

아빠

엄마

친한 친구

할머니

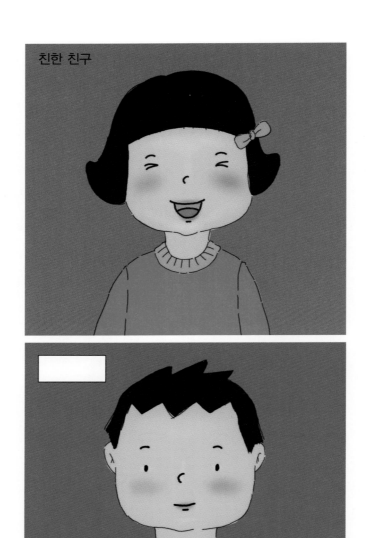

친한 친구

토끼와 거북이

1) 아동에게 이야기를 들려주고 '토끼' 가 나오면 박수를 치도록 한다.

> "옛날 옛날에 토끼와 거북이가 살고 있었어요. 둘은 친한 친구
> 여서 토요일이면 항상 서로의 집에 놀러가곤 했습니다. 그런
> 데 거북이에게는 토끼에게 말하지 못한 고민이 있었어요. 토
> 끼네 집에 가면 토끼는 자기가 가장 좋아하는 토마토와 토끼
> 풀을 간식으로 내어 놓았습니다."

2) 토끼 팀과 거북이 팀으로 나누어 한 팀은 '토끼' 가 나오면 박수를 치
   고, 다른 팀은 '거북이' 가 나오면 박수를 치도록 한다.

> "거북이는 토끼가 좋아하는 음식들이 맛있지가 않았어요. 토
> 마토와 토끼풀은 먹으면 먹을수록 속이 거북해졌습니다. 게다
> 가 토끼는 거북이에게 매번 거친 말과 거짓말을 하고 거북한
> 부탁을 하기도 해서 마음이 통 편하지 않았어요. 어느 토요일,
> 드디어 거북이는 토끼에게 거절의 마음을 전하기로 했어요."

> "토끼야. 미안한데, 우리 거북이 친구들은 토끼들이 좋아하는
> 토마토나 토끼풀 같은 채소는 잘 먹지 못해. 대신 토종 음식을

익힌 것은 잘 먹을 수 있어서 그걸 간식으로 먹는 것은 어떠니? 그리고 토끼야. 앞으로는 나한테 거북한 장난은 하지 않았으면 좋겠어. 거북이의 말에 토끼는 '아, 그래서 네가 요즘 토라진 것처럼 보였구나. 거북했다면 미안해, 거북아. 앞으로는 토요일마다 더 재미있게 놀자.'고 말했어요. 마침내 둘은 다시 사이좋은 토끼와 거북이로 돌아갔답니다."

경청 기술 목록

태도적 측면

눈 맞춤하기

고개 끄덕이기

친구 쪽으로 몸을 향하기

언어적 측면

아, 그래? 정말?

그랬구나~
(좋았겠다, 힘들었구나 등)

그래서 어떻게 됐어?

연습게임 지시카드

지시하기/지시 따르기 게임 1

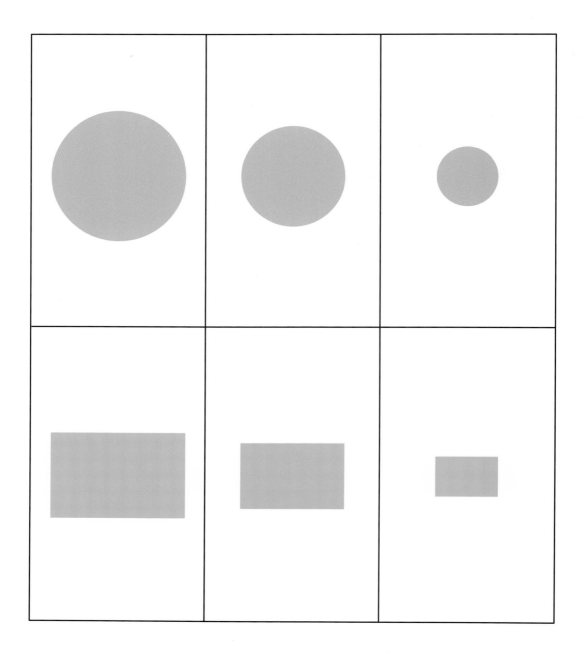

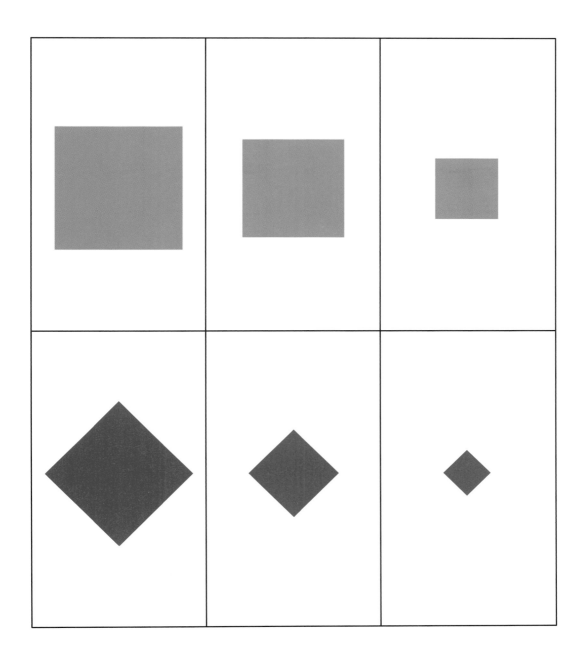

지시하기/지시 따르기 게임 2

지시하기/지시 따르기 게임 평가표

작성자_____

이름						
팀원 지시 따르는 사람은 4단계를 모두 지켰는가?	**1단계** 상대방을 바라본다.					
	2단계 대답한다.					
	3단계 곧바로 수행한다. 딴짓을 하지 않는다.					
	4단계 재확인하고 검토한다.					
리더	목소리 크기가 적당했나?					
	말투가 적당했나?					
	설명을 구체적으로 잘해 주었나? (표정, 말의 속도 등)					

자기주장 캐릭터

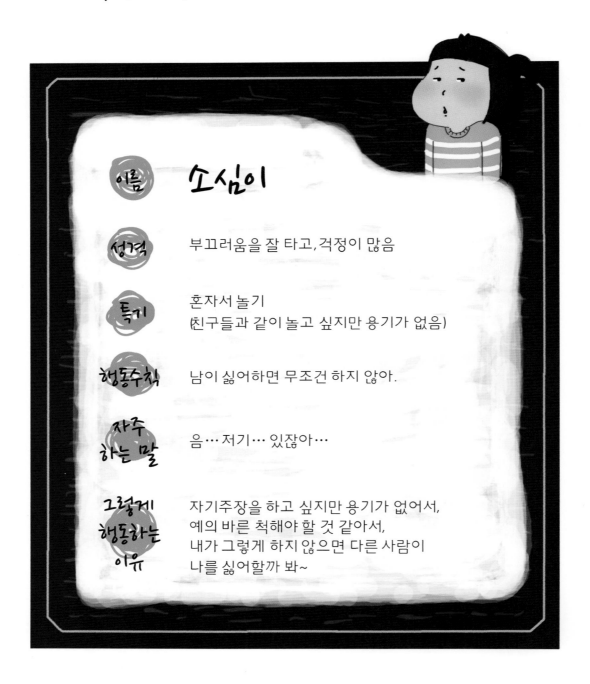

이름 소심이

성격 부끄러움을 잘 타고, 걱정이 많음

특기 혼자서 놀기
(친구들과 같이 놀고 싶지만 용기가 없음)

행동수칙 남이 싫어하면 무조건 하지 않아.

자주 하는 말 음… 저기… 있잖아…

그렇게 행동하는 이유 자기주장을 하고 싶지만 용기가 없어서,
예의 바른 척해야 할 것 같아서,
내가 그렇게 하지 않으면 다른 사람이
나를 싫어할까 봐~

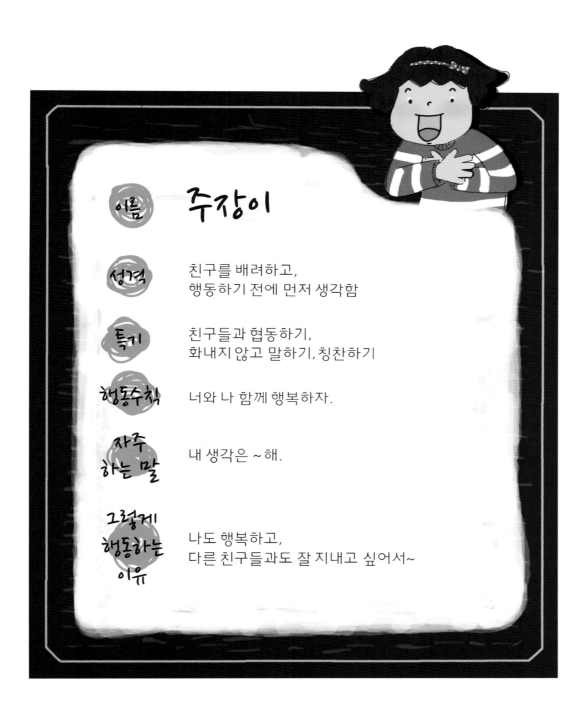

이름	주장이
성격	친구를 배려하고, 행동하기 전에 먼저 생각함
특기	친구들과 협동하기, 화내지 않고 말하기, 칭찬하기
행동수칙	너와 나 함께 행복하자.
자주 하는 말	내 생각은 ~해.
그렇게 행동하는 이유	나도 행복하고, 다른 친구들과도 잘 지내고 싶어서~

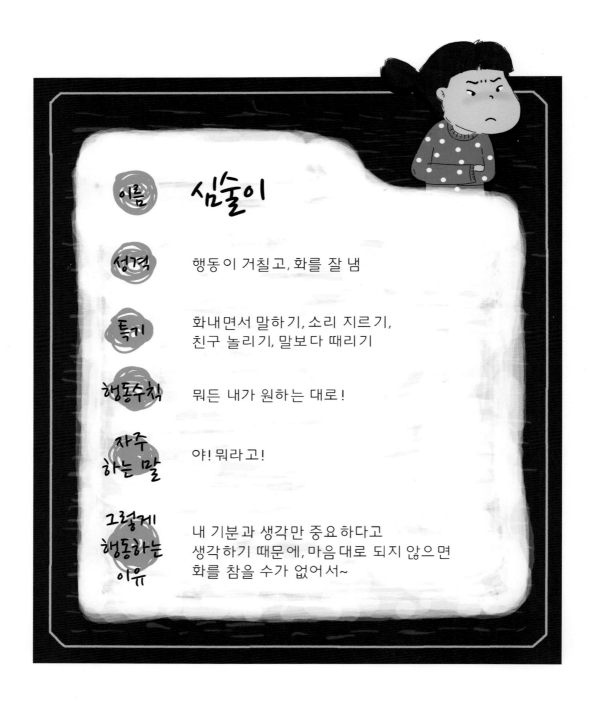

나의 자기주장 방법

나는 이렇게 내 이야기를 해~

소심이 (%)

심술이 (%)

주장이 (%)

나는 이렇게 이야기하는 사람이 되고 싶어!

소심이 (%)

심술이 (%)

주장이 (%)

주장이가 되기 위한 나의 노력은~

★

★

주장이의 부탁과 거절

이유 설명
부탁을 해야 하는 이유를 설명한다.

눈 맞춤
상대방이 나와 눈을 맞추고 이야기할 수 있는지 파악한다.

표정
진지하고 편안한 표정, 지나치게 소심하거나 화난 것 같은 표정은 피한다.

말투/목소리
너무 크거나 작지 않은 목소리, 친절하고 정중한 말투로 이야기한다.

바른 자세
구부정하거나 손을 주머니에 넣는 등 성의 없어 보이는 자세를 피한다.

상황 파악 그림 1

상황 파악 그림 2-1

수업 시작 10:50

상황 파악 그림 2-2

상황 파악 그림 3-1

상황 파악 그림 3-2

상황 파악 그림 4-1

아이 이름 _____
편지 쓴 사람 _____

『초등학생을 위한 사회성 향상 프로그램 친구야, 놀자』에 참여하면서 아이의
달라진 모습에 대해서 칭찬의 편지를 써 주세요. 구체적인 일을 적으셔도 좋습
니다. 그리고 아이가 앞으로 친구들과 지내는 데 있어서 바라는 점도 간략하게
적어 주세요.

부모님 편지

저자
소개

노경란(Row Kyung-Ran)

미국 Eastern Michigan University 심리학 석사(임상심리 전공)
이화여자대학교 심리학 박사(발달 및 발달임상 전공)
정신보건임상심리사, 임상심리전문가, 발달심리전문가
현 아이코리아 송파아이존 시설장

주요 논문
다문화시대 한국인의 인종에 대한 암묵적 태도와 명시적 태도의 발달
　(한국발달심리학회지 제23권 제2호)
내재화, 외현화, 내-외 혼재 장애를 가진 아동들의 기질 및 성격에 대한 비교 연구
　(한국발달심리학회지 제25권 제4호)

김지연(Kim Ji-Youn)

이화여자대학교 심리학 석사(발달 및 발달임상 전공)
이화여자대학교 심리학 박사 수료(발달 및 발달임상 전공)
정신보건임상심리사
현 아이코리아 중구아이존 시설장

주요 논문
자폐 아동의 상호주의하기(이화여자대학교, 2002)

권윤정(Kwon Yoon-Jung)

이화여자대학교 심리학 석사(발달 및 발달임상 전공)
정신보건임상심리사, 발달심리사
현 키즈앤틴 학습발달 연구소

주요 논문
청소년의 애착유형, 자기효능감과 정서조절 능력의 관계(이화여자대학교, 2008)

구민정(Koo Min-Jung)

이화여자대학교 심리학 석사(발달 및 발달임상 전공)
이화여자대학교 심리학 박사과정(발달 및 발달임상 전공)
정신보건임상심리사, 임상심리전문가
전 아이코리아 송파아이존 팀장

주요 논문
관계적 자기와 우울: 친구관계의 매개 효과를 중심으로(이화여자대학교, 2008)

구연익(Koo Youn-Ick)

이화여자대학교 심리학 석사(발달 및 발달임상 전공)
정신보건임상심리사, 임상심리전문가
현 아이코리아 송파아이존 팀장

주요 논문
내재화, 외현화, 내-외 혼재 장애를 가진 아동들의 기질 및 성격에 대한 비교 연구
　(한국발달심리학회지 제25권 제4호)

초등학생을 위한 **사회성 향상 프로그램**

{ 친구야, 놀자 }

2014년 07월 30일 1판 1쇄 발행
2023년 10월 10일 1판 3쇄 발행

지은이 • 노경란 · 김지연 · 권윤정 · 구민정 · 구연익
펴낸이 • 김진환
펴낸곳 • ㈜ **학지사**
　　　　　04031 서울특별시 마포구 양화로 15길 20 마인드월드빌딩
대표전화 • 02)330-5114　　　팩스 • 02)324-2345
등록번호 • 제313-2006-000265호

홈페이지 • http://www.hakjisa.co.kr
인스타그램 • https://www.instagram.com/hakjisabook

ISBN 978-89-997-0384-3 04370
　　　 978-89-997-0383-6(set)

정가 15,000원

출판미디어기업 학지사

간호보건의학출판 **학지사메디컬** www.hakjisamd.co.kr
심리검사연구소 **인싸이트** www.inpsyt.co.kr
학술논문서비스 **뉴논문** www.newnonmun.com
교육연수원 **카운피아** www.counpia.com